주의 기도

그리스도교 기도의 처음과 끝

제프리 그린먼 지음·한문덕 옮김

이 도서의 국립중앙도서관 출판시도서목록(CIP)은
서지정보유통지원시스템 홈페이지(http://seoji.nl.go.kr)와
국가자료공동목록시스템(http://www.nl.go.kr/kolisnet)에서
이용하실 수 있습니다. (CIP제어번호 : CIP2018002502)

The Lord's Prayer
Copyright ⓒ Jeffrey Greenman 2012
Published by arrangement with Grove Books Ltd.
All rights reserved
Korean translation copyright ⓒ 2018 by the Diocese of Seoul,
the Anglican Church of Korea.

이 책의 한국어판 저작권은 Grove Books Ltd 사와의 독점 계약으로
성공회 서울 교구에 있습니다. 저작권법에 의해 한국 내에서
보호를 받는 저작물이므로 무단전재와 복제를 금합니다.

주의 기도

그리스도교 기도의 처음과 끝

제프리 그린먼 지음 · 한문덕 옮김

비아

| 차례 |

1. 그리스도인의 삶과 전통,
   성서에서 말하는 주의 기도 / 7

2. 우리의 욕망을 재조정하기 / 31

3. 하느님의 목적에 우리 자신을 맞추기 / 43

4. 하느님의 은총에 기대어 / 63

함께 읽어볼 만한 책 / 83

일러두기

· 역자 주석의 경우 *표시를 해 두었습니다.
· 성서 표기와 인용은 『공동번역 개정판』(대한성서공회, 1999)을 따르되 맥락에 따라 『새번역』(대한성서공회, 2004), 『개역개정판』(대한성서공회, 1998)을 병행사용하였습니다.

기도를 하기 위해서는
믿음과 소망과 사랑이 필요합니다.
기도를 드리기 위해서는 하느님의 침묵,
그분의 멀리 떨어져 있음, 그리고
우리를 에워싸고 있는 고난의 상황 등에도 불구하고
하느님을 아버지로 믿는 신앙을 고백해야 합니다.
그분은 자애로운 아버지이십니다.
이 세계를 돌아보면 그것을 확인할 수 없지만
그럼에도 불구하고 우리는 믿습니다.
이는 희망의 행위입니다.

"당신의 나라가 임하옵시고
당신의 뜻이 영원히 이루어지이다"
라는 주님의 기도처럼
우리는 아버지가 모든 눈물을 씻어주시고
당신께서 창조하신 이 세계의 구조를
새롭게 하실 것을 고대합니다.

레오나르도 보프, 『주의 기도』 中

01

그리스도인의 삶과 전통, 성서에서 말하는 주의 기도

그리스도인의 삶과 주의 기도

주의 기도는 십계명과 더불어 그리스도교에서 가장 널리 알려진 글입니다. 그리스도인들은 대체로 어릴 때 부모에게, 혹은 교회 학교에서 이 기도문을 배웁니다. 대다수 교인은 이 기도를 매번 드리지는 않는다 하더라도 그 내용은 선명하게 기억하고 있습니다. 정해진 순서를 따라 예배드리는 그리스도교 신자라면 누구든 이 기도를 일상적으로 암송하거나 일정한 선율에 맞추어 부릅니다. 또한 주의 기도는 서양문화 유산 속에 깊숙이 뿌리 내렸기 때문에 교인이 아닌 사람들도 기도의 구절들을 잘 알고 있습니다. 수백만의 사람이 주의 기도를 알고 있는 셈입니다. 그러나 때로 이러한 익숙함 때문에 우리는 주의 기도를 깊이 묵상하지 못하며 이 기도의 진가를 알아보지 못합니다.

주의 기도를 탐구하는 목적은 이 기도가 지닌 힘과 의미에 기대어 개인과 교회 공동체의 영적 삶을 보다 풍성하게 하는 데 있습니다. 과연 우리는 주의 기도를 제대로 이해하고 있을까요? 주의 기도는 우리 마음을 빚고 삶의 태도를 형성하며, 우리 자신의 욕망을 재조정하는 데 영향을 끼치고 있을까요? 이 작은 책의 목표는 여러분이 주의 기도를 더욱 풍성히, 더 깊이 경험하도록 돕는 데 있습니다.

그리스도교 전통과 주의 기도

주의 기도는 "그리스도교 역사상 가장 중요한 기도"입니다.[1] 그리스도교 영성의 흐름에서도 이 기도는 매우 중요한 위치를 차지하고 있습니다. 또한 이 기도는 예수께서 자신의 제자들에게 가르쳐 주신 유일한 기도입니다. 그리스도인의 신앙생활 한복판에는 이 기도가 자리 잡고 있습니다. 주후

---

1 R. Hammerling, *The Lord's Prayer in the Early Church* (New York: Palgrave Macmillan, 2010) p.1.

100년경 초대교회의 삶에 대해 전하는 디다케Didache[2]에는 당시 교회가 하루에 세 번씩 주의 기도를 드리도록 가르쳤다는 내용이 적혀 있습니다. 교인들은 함께 모여 예배드릴 때마다 이 기도를 되뇌었습니다. 초대교회가 성장해나가던 처음 몇 세기 동안 신학적으로 탁월한 여러 교부들은 주의 기도를 주제로 교인들에게 설교했고, 교인들을 위해 이 기도의 의미를 밝히는 주석을 적기도 했습니다.[3] 매우 이른 시기부터 그리스도교 교회는 교리교육, 특히 새신자를 위한 교육에 주의 기도의 의미를 가르치는 과정을 포함했습니다. 종교개혁 시기에도 십계명, 사도신경과 더불어 주의 기도를 가르치는 교회의 활동이 이어졌으며, 오늘날 많은 교회가 이 전통을 지켜나가고 있습니다.

긴 시간동안 교회 전통이 주의 기도를 전하고, 가르치며 해설해 왔다는 사실은 이 기도의 중요성을 다시 한번 드러냅니다. 주의 기도는 다른 시간, 공간에서 살았지만 이 기도를 드린 모든 그리스도인을 하나로 묶어줍니다. 초대교회를 이

---

2 일반적으로 『열두 사도들의 가르침』 혹은 표제의 처음 말을 따서 『디다케』라 불리는 초대 교회의 기록. 초대 교회의 규율, 질서를 다루고 있다.

3 예를 들어 오리게네스Origen, 테르툴리아누스Tertullian, 키프리아누스Cyprian, 니사의 그레고리우스Gregory of Nyssa, 아우구스티누스Augustine

루었던 신자나, 오늘날 교회에 참여하는 신자 모두 이 기도를 통해 하나가 됩니다. 또한 주의 기도는 다양한 흐름으로, 즉 로마 가톨릭, 동방 정교회, 성공회, 개신교로 나뉘어 교리와 실천의 측면에서 심각하게 갈라진 모든 교회들에게 공통의 기반을 제공합니다. 우리는 이 기도를 통해 진정한 교회 일치를 희망할 수 있습니다. 따라서 주의 기도를 탐구하는 두 번째 목적은 교회의 두터운 전통이 담고 있는 기도와 가르침에 더 깊이 참여하도록 이끄는 것입니다. 우리는 이 기도를 통해 하느님의 백성이 된다는 것이 무엇을 뜻하는지를 깊게 생각해볼 수 있습니다.

마태오의 복음서와 주의 기도

주의 기도를 탐구하는 세 번째 목적은 이 기도가 실린 신약성서의 핵심 구절을 명료하게 이해하는 데 있습니다. 이 책에서는 주의 기도를 구성하는 구절의 의미를 살피기에 앞서 신약성서에서 이 기도가 차지하는 위상에 대해 먼저 살필 것입니다. 주의 기도는 루가의 복음서(누가복음) 11장 2~4절, 그리고 마태오의 복음서(마태복음) 6장 9~13절에 등장하는데, 마태오의 복음서의 주의 기도는 예수께서 전하신 산상설교(마태5~7장)의 한가운데에 있습니다.

하늘에 계신 우리 아버지,

그 이름을 거룩하게 하여 주시며,

그 나라를 오게 하여 주시며,

그 뜻을 하늘에서 이루심 같이,

땅에서도 이루어 주십시오.

오늘 우리에게 필요한 양식을 내려 주시고,

우리가 우리에게 죄지은 사람을 용서하여 준 것 같이

우리의 죄를 용서하여 주시고,

우리를 시험에 들지 않게 하시고,

악에서 구하여 주십시오.

나라와 권세와 영광은

영원히 아버지의 것입니다. 아멘. (마태 6:9~13)

마태오가 복음서를 시작하는 부분에서 사용한 전략을 살펴보는 일은 주의 기도를 탐구하는 데 좋은 출발점이 됩니다. 마태오는 예수 자신과 그가 행하신 일을 자세히 소개하며 복음서를 시작합니다. 산상설교를 전하고 주의 기도를 가르치시는 분은 누구입니까? 그는 '성령으로 잉태된 분'[4]이시

---

4 "예수 그리스도께서 태어나신 경위는 이러하다. 예수의 어머니 마리아는 요셉과 약혼을 하고 같이 살기 전에 잉태한 것이 드러났다. 그

고 '구원자'[5]이시며, 하느님께서 우리와 함께하신다는 뜻의 '임마누엘'[6]이십니다. 그는 '유대인의 왕'[7]이시며 '하느님의 아들'[8], '나자렛 사람'[9]이시고 '주님'[10], '전능하신 분'이자 '마지막 심판의 날에 세례를 베푸실 분'[11]입니다. '정의를 실현할 분'[12]

잉태는 성령으로 말미암은 것이었다." (마태 1:18)

5 ""마리아가 아들을 낳을 터이니 그 이름을 예수라 하여라. 예수는 자기 백성을 죄에서 구원할 것이다' 하고 일러주었다." (마태 1:21)

6 ""동정녀가 잉태하여 아들을 낳으리니 그 이름을 임마누엘이라 하리라" 하신 말씀이 그대로 이루어졌다. 임마누엘은 '하느님께서 우리와 함께 계시다'는 뜻이다." (마태 1:23)

7 "유대인의 왕으로 나신 분이 어디 계십니까? 우리는 동방에서 그분의 별을 보고 그분에게 경배하러 왔습니다" 하고 말하였다." (마태 2:2)

8 "헤로데가 죽을 때까지 거기에서 살았다. 이리하여 주께서 예언자를 시켜 "내가 내 아들을 이집트에서 불러내었다" 하신 말씀이 이루어졌다." (마태 2:15)

9 "나자렛이라는 동네에서 살았다. 이리하여 예언자를 시켜 "그를 나자렛 사람이라 부르리라" 하신 말씀이 이루어졌다." (마태 2:23)

10 "광야에서 외치는 이의 소리가 들린다. '너희는 주의 길을 닦고 그의 길을 고르게 하여라.'" (마태 3:3)

11 "나는 너희를 회개시키려고 물로 세례를 베풀거니와 내 뒤에 오시는 분은 성령과 불로 세례를 베푸실 것이다. 그분은 나보다 훌륭한 분이어서 나는 그분의 신발을 들고 다닐 자격조차 없는 사람이다." (마태 3:11)

12 "예수께서 그에게 말씀하셨다. "지금은 그렇게 하도록 하십시오. 이렇게 하여, 우리가 모든 의를 이루는 것이 옳습니다." 그제서야 요한이 허락하였다." (마태 3:15)

이시며 '사랑받는 아들'[13]이시고 '승리하실 하느님의 아들'[14], '이방인들의 빛'[15], '회개하라고 설교하시는 분'[16], '하느님 나라의 복음을 선포하시는 분', '모든 질병을 고치고 병자를 회복시키시는 분'[17]입니다. 마태오의 복음서 시작 부분에 등장하는 각각의 이야기는 점점 더 합쳐지고 발전하여 매우 인상적인 예수의 모습을 그려갑니다. 신학적인 단서들이 퍼즐 조각처럼 하나하나 맞춰지며 상상할 수조차 없는 거대한 그림이 완성됩니다. 마태오는 이러한 방식으로 유일무이한 지위를 지닌, 세상을 구원하려는 목적을 품은, 충만한 신적 권

---

13 "그 때 하늘에서 이런 소리가 들려왔다. "이는 내 사랑하는 아들, 내 마음에 드는 아들이다.""(마태 3:17)

14 "유혹하는 자가 와서 "당신이 하느님의 아들이거든 이 돌더러 빵이 되라고 해보시오" 하고 말하였다. … "당신이 하느님의 아들이거든 뛰어내려 보시오. 성서에, '하느님이 천사들을 시켜 너를 시중들게 하시리니 그들이 손으로 너를 받들어 너의 발이 돌에 부딪히지 않게 하시리라' 하지 않았소?" 하고 말하였다."(마태 4:3,6)

15 ""즈불룬과 납달리, 호수로 가는 길, 요르단 강 건너편, 이방인의 갈릴래아. 어둠 속에 앉은 백성이 큰 빛을 보겠고 죽음의 그늘진 땅에 사는 사람들에게 빛이 비치리라" 하신 말씀이 이루어졌다."(마태 4:15~16)

16 "이 때부터 예수께서는 전도를 시작하시며 "회개하여라. 하늘나라가 다가왔다" 하고 말씀하셨다."(마태 4:17)

17 "예수께서 온 갈릴래아를 두루 다니시며 회당에서 가르치시고 하늘 나라의 복음을 선포하시며 백성 가운데서 병자와 허약한 사람들을 모두 고쳐주셨다."(마태 4:23)

위를 갖춘 분이신 예수를 설정한 뒤에 산상설교를 시작하고 있습니다. 예수는 분명 심오한 도덕 교사나 통찰력 있는 영적 안내자를 뛰어넘는 분이십니다. 그는 이스라엘이 오랫동안 기다려 온 메시아이시며, 이 땅에 하느님 나라를 세우고 세상을 올바르게 만들기 위해 거룩한 분께서 파송하신 왕입니다. 예수는 자신을 따르는 사람들을 핵심적인 세력으로 불러 모으십니다. 그가 제자들을 불러 모으신 이유는 그들에게 하느님의 거듭난 백성, 즉 새로운 공동체에 속하는 일이 무엇을 뜻하는지 가르치기 위해서입니다.

> 예수께서 무리를 보시고 산에 올라가 앉으시자
> 제자들이 곁으로 다가왔다. (마태 5:1)

신약성서를 연구하는 학자들은 주의 기도가 마태오의 복음서 5~7장에 등장하는 산상설교의 중심이라고 봅니다. 예수는 산상설교에서 참된 제자도를 전하십니다. 그분은 제자들에게 경쟁하는 다른 집단들(바리사이파와 율법학자들)과 구별되는 삶, 즉 그들보다 "더 옳게" 살라고 말씀하십니다.

> 잘 들어라. 너희가 율법학자들이나 바리사이파 사람들보다

더 옳게 살지 못한다면 결코 하늘나라에 들어가지 못할 것
이다. (마태 5:20)

산상설교는 "하느님 나라의 백성", 즉 예수에게 충성하는 이들, 하느님 나라의 방식을 드러내는 올바른 삶을 갈망하는 이들을 향하고 있습니다. 이 설교는 제자들의 삶의 태도를 지도하는 헌장을 상세하게 기술하며 정교하게 다듬습니다.

너희는 먼저 하느님의 나라와 하느님께서 의롭게 여기시는
것을 구하여라. 그러면 이 모든 것도 곁들여 받게 될 것이다.

(마태 6:33)

산상설교의 모든 가르침은 주의 기도에 이르거나, 그 기도로부터 뻗어 나옵니다.

주의 기도가 산상설교의 핵심이라는 통찰에 비추어 보면 참된 제자도, 진정한 선교, 그리스도인의 윤리적 삶은 오직 주의 기도를 통해서만 가능하다는 결론에 이르게 됩니다. 하느님 나라의 삶을 사는 길은 주의 기도를 통해 이루어지는 하느님과의 관계에 달려있기 때문입니다. 산상설교는 그리스도인에게 불가능한 이상을 제시하지 않습니다. 예수의 기

대에 부응하기 위해 제자들이 열심을 다해 노력해야 하는 사항을 전하는 것도 아닙니다. 산상설교는 우리의 선한 의도나 진지한 노력이 하느님을 기쁘시게 하는 데 충분하지 못하다고 말합니다. 중요한 것은 믿음입니다. 주의 기도는 하느님 나라의 백성들이 개인적 삶에서나 공동체적 삶에서 참된 믿음을 실천하도록 하느님 나라의 백성들을 변화시키고 능력을 부여합니다. 이 기도는 제자들로 하여금 '팔복'Beatitudes에 담긴 하느님 나라 백성의 특징을 드러나게 합니다.

> 마음이 가난한 사람은 복이 있다.
> 하늘나라가 그들의 것이다.
> 슬퍼하는 사람은 복이 있다.
> 하느님이 그들을 위로하실 것이다.
> 온유한 사람은 복이 있다.
> 그들이 땅을 차지할 것이다.
> 의에 주리고 목마른 사람은 복이 있다.
> 그들이 배부를 것이다.
> 자비한 사람은 복이 있다.
> 하느님이 그들을 자비롭게 대하실 것이다.
> 마음이 깨끗한 사람은 복이 있다.

그들이 하느님을 볼 것이다.

평화를 이루는 사람은 복이 있다.

하느님이 그들을 자기의 자녀라고 부르실 것이다.

의를 위하여 박해를 받은 사람은 복이 있다.

하늘나라가 그들의 것이다.

너희가 나 때문에 모욕을 당하고, 박해를 받고,

터무니없는 말로 온갖 비난을 받으면, 복이 있다.

너희는 기뻐하고 즐거워하여라.

하늘에서 받을 너희의 상이 크기 때문이다.

너희보다 먼저 온 예언자들도 이와 같이 박해를 받았다.

(마태 5:3~12)

주의 기도는 제자들이 소금과 빛으로 선교하는 사명에 충실하게 하고,[18] 하느님께서 옳게 여기시는 일을 통해 대안적

---

[18] "너희는 세상의 소금이다. 만일 소금이 짠 맛을 잃으면 무엇으로 다시 짜게 만들겠느냐? 그런 소금은 아무 데에도 쓸데없어 밖에 내버려져 사람들에게 짓밟힐 따름이다. 너희는 세상의 빛이다. 산 위에 있는 마을은 드러나게 마련이다. 등불을 켜서 됫박으로 덮어두는 사람은 없다. 누구나 등경 위에 얹어둔다. 그래야 집 안에 있는 사람들을 다 밝게 비출 수 있지 않겠느냐? 너희도 이와 같이 너희의 빛을 사람들 앞에 비추어 그들이 너희의 착한 행실을 보고 하늘에 계신 아버지를 찬양하게 하여라." (마태 5:13~16)

인 삶을 살아갈 수 있도록 이끕니다.[19] 또한 이 기도는 하느님 자신의 도덕적 온전함을 반영합니다.[20] "남에게서 바라는 대로 남에게 해주라"(마태 7:12)는 구절은 구약성서의 핵심 메시지를 표현합니다. 주의 기도는 하느님 나라 백성들이 적대자들이 있는 가운데서도 견고하게 서기 위해, 큰 대가가 따르는 선택을 해야 할 때 지혜와 용기의 근원이 됩니다.[21]

주의 기도는 유대인의 경건을 나타내는 세 가지 핵심적인 실천, 즉 자선, 기도, 금식과 관련이 있습니다.[22] 이 세 가지 실천 모두를 아우르는 중요한 구절은 마태오의 복음서 6장 1절입니다.

> 너희는 일부러 남들이 보는 앞에서 선행을 하는 일이 없도록 하여라. 그렇지 않으면 하늘에 계신 아버지에게서 아무런 상도 받지 못한다. (마태 6:1)

예수께서는 제자들이 남에게 강한 인상을 남기려고 큰길

---

19 마태 5:17~47, 6:19~7:12 참조
20 "하늘에 계신 아버지께서 완전하신 것같이 너희도 완전한 사람이 되어라." (마태 5:48)
21 마태 7:13~27 참조
22 마태 6:1~4(자선), 5~15(기도), 16~18(금식) 참조

모퉁이에서 기도하거나, 남에게 보이기 위해 애쓰는 식으로 영성을 왜곡하는 위선자가 되어서는 안 된다고 경고하십니다. 기도는 하느님께만 초점이 맞춰진 진실한 동기에서 출발해야 합니다. 마태오의 복음서 6장 5~8절은 참된 기도란 자신의 경건한 행동을 남에게 보이려고 애쓰듯이 허세를 부리거나, 눈길을 끌어서는 안 된다고 가르칩니다. 또 이방인들이 중얼거리며 기도하듯이 중언부언해서도 안 된다고 말합니다. 여기에는 근원적인 이유가 있습니다.

> 너희의 아버지께서는 구하기도 전에
> 벌써 너희에게 필요한 것을 알고 계신다. (마태 6:8)

그 후 예수께서는 제자들에게 기도의 모범을 제시하십니다.

> 그러므로 이렇게 기도하여라. (마태 6:9)

마태오의 복음서는 바리사이파 사람들이 행하는 체면치레, 이방인의 중언부언하는 기도와 대조하여 주의 기도가 얼마나 참된 경건을 드러내고 있는지를 보여주는 데 초점을 맞추고 있습니다. 예수께서 이렇게 기도하라고 가르치셨을 때 그분은 올바른 기도를 드리려면 한 묶음의 낱말을 반복해야 한다고 말했다기보다는, 제자들에게 가장 적합한 기도의 모범이나 개요를 제시한 것으로 보입니다. 예수께서는 주의 기도를 통해 하느님 나라 백성이 드리는 기도에서 가장 중요한 가치들을 정하셨습니다.

루가의 복음서와 주의 기도

루가가 그린 예수의 초상화는 예수가 어떠한 방식으로 완전한 기도의 모범을 보이셨는지를 강조합니다. 루가는 예수께서 자신의 정체성과 사명을 증명하는 결정적인 시점들, 즉 세례를 받으실 때[23], 열두 제자를 선택하시기 전[24], 베드로가 신앙을 고백하기 전[25], 산 위에서 변모하실 때[26], 하느님 아버

---

23 "사람들이 모두 세례를 받고 있을 때 예수께서도 세례를 받으시고 기도를 하고 계셨는데 홀연히 하늘이 열렸다." (루가 3:21)
24 "그 무렵에 예수께서는 기도하시려고 산에 들어가 밤을 새우시며 하느님께 기도하셨다." (루가 6:12)
25 "어느 날, 예수께서 혼자 기도하시다가 곁에 있던 제자들에게 "사람들이 나를 누구라고 하더냐?" 하고 물으셨다." (루가 9:18)
26 "이 말씀을 하신 뒤 여드레쯤 지나서 예수께서는 베드로와 요한과 야고보를 데리고 기도하러 산으로 올라가셨다." (루가 9:28)

지께 감사드릴 때[27], 따로 한적한 곳에 계실 때[28], 베드로가 부인하기 전[29], 배신당하시기 전 올리브 산에서[30], 십자가에서 사형 집행인을 두 번 용서하시면서[31], 자기 자신을 하느님 아버지께 위탁하는 장면[32]을 포함한 지점들에서 예수가 어떻게 끊임없이 기도하셨는지를 이야기합니다. 제자들은 기

---

[27] "바로 그 때에 예수께서 성령을 받아 기쁨에 넘쳐서 이렇게 말씀하셨다. "하늘과 땅의 주님이신 아버지, 지혜롭다는 사람들과 똑똑하다는 사람들에게는 이 모든 것을 감추시고 오히려 철부지 어린이들에게 나타내 보이시니 감사합니다. 그렇습니다, 아버지! 이것이 아버지께서 원하신 뜻이었습니다.""(루가 10:21)

[28] "예수께서 하루는 어떤 곳에서 기도를 하고 계셨다. 기도를 마치셨을 때 제자 하나가 "주님, 요한이 자기 제자들에게 가르쳐준 것같이 저희에게도 기도를 가르쳐주십시오" 하고 말하였다."(루가 11:1)

[29] "그러나 나는 네가 믿음을 잃지 않도록 기도하였다. 그러니 네가 나에게 다시 돌아오거든 형제들에게 힘이 되어다오."(루가 22:32)

[30] "돌을 던지면 닿을 만한 거리에 떨어져서 무릎을 꿇고 기도하셨다. "아버지, 아버지의 뜻에 어긋나는 일이 아니라면 이 잔을 저에게서 거두어주십시오. 그러나 제 뜻대로 하지 마시고 아버지의 뜻대로 하십시오." 기도를 마치시고 일어나 제자들에게 돌아와 보시니 그들은 슬픔에 지쳐 잠들어 있었다. 이것을 보시고 예수께서는 제자들에게 "왜 이렇게들 잠만 자고 있느냐? 유혹에 빠지지 않도록 일어나 기도하여라" 하고 말씀하셨다."(루가 22:41~46)

[31] "예수께서는 "아버지, 저 사람들을 용서하여 주십시오! 그들은 자기가 하는 일을 모르고 있습니다" 하고 기원하셨다. 예수를 십자가에 못박은 자들은 주사위를 던져 예수의 옷을 나누어가졌다."(루가 23:34)

[32] "예수께서는 큰소리로 "아버지, 제 영혼을 아버지 손에 맡깁니다!" 하시고는 숨을 거두셨다."(루가 23:46)

도하시는 예수를 주의 깊게 바라보았고 기도를 가르쳐 달라고 요청하기로 마음먹었습니다.

> 주님, 요한이 자기 제자들에게 가르쳐준 것같이
> 저희에게도 기도를 가르쳐 주십시오. (루가 11:1)

고대 유대교 전통에서 랍비들은 세례자 요한이 그랬듯 자신의 제자들에게 특별한 기도를 전수하고는 했습니다. 제자들의 요청에 응하여 예수께서도 특정한 단어들로 이루어진 기도를 가르치십니다. 교회는 "너희는 기도할 때 이렇게 하여라"(루가 11:2)로 시작하는 예수의 가르침을 계승해 왔습니다. 교회는 이 가르침을 좋은 기도의 모본으로 삼았고, 주의 기도는 예수를 따르는 모든 이에 의해 생명력을 이어왔습니다.

루가의 복음서는 예수의 갈릴래아(갈릴리) 사역(4:14~9:50)에서 마지막 종착지가 될 예루살렘으로 향하는 그의 여정(9:51~19:48)으로 장면을 전환하며 이야기를 전합니다. 9장 51절부터 11장 13절까지의 내러티브는 제자도와 선교의 본질을 다루고 있습니다. 예수께서는 사마리아인들에게 배척받은 후에 "하늘에서 불을 내리게 하여 그들을 불살라"(루가 9:54) 버리기를 바라는 제자들을 꾸짖습니다. 그리고 제자가 되기 위한 총체적인 요구를 상기시킵니다.[33] 일흔 두 제자를 임명하는 장면[34]에서 예수께서는 제자들에게 그들이 자신의 사역을 대리할 것이라고 말씀하십니다. 제자들은 세상에 보냄을 받아 하느님 나라의 도래를 선포하고, 결과적으로 예수 자신과 마찬가지로 배척받을 것입니다. 제자들이 돌아와 "주님, 저희가 주님의 이름으로 마귀들까지도 복종시켰습니다"(루가 10:17)라고 말하자 예수께서는 하느님 아버지를 찬양하면서 그들을 축복받은 이들로 선언합니다. 제자들이 하느님 나라의 현현을 깨달았기 때문입니다.[35] 잘 알려진 '선한

---

[33] "예수의 일행이 길을 가고 있을 때 어떤 사람이 예수께 "저는 선생님께서 가시는 곳이면 어디든지 따라가겠습니다" 하고 말하였다. 그러나 예수께서는 "여우도 굴이 있고 하늘의 새도 보금자리가 있지만 사람의 아들은 머리 둘 곳조차 없다" 하고 말씀하셨다. 다른 사람에게 "나를 따라오너라" 하고 말씀하시자 그는 "선생님, 먼저 집에 가서 아버지 장례를 치르게 해주십시오" 하고 청하였다. 예수께서는 "죽은 자들의 장례는 죽은 자들에게 맡겨두고 너는 가서 하느님 나라의 소식을 전하여라" 하셨다. 또 한 사람은 "선생님, 저는 선생님을 따르겠습니다. 그러나 먼저 집에 가서 식구들과 작별 인사를 나누게 해주십시오" 하고 말하였다. 예수께서는 "쟁기를 잡고 뒤를 자꾸 돌아다보는 사람은 하느님 나라에 들어갈 자격이 없다" 하고 말씀하셨다." (루가 9:57~62)

[34] 루가 10:1~20 참조

[35] "바로 그 때에 예수께서 성령을 받아 기쁨에 넘쳐서 이렇게 말씀하셨다. "하늘과 땅의 주님이신 아버지, 지혜롭다는 사람들과 똑똑하다는 사람들에게는 이 모든 것을 감추시고 오히려 철부지 어린이들에게 나타내 보이시니 감사합니다. 그렇습니다, 아버지! 이것이 아

사마리아인의 비유'는 자비로운 마음으로 기꺼이 비용을 치르며, 자신을 내어주는 헌신에 대해 묘사합니다.[36] 마르타와 마리아의 이야기는 하느님의 말씀을 주의 깊게 경청하는 학생의 자리를 선택하는 것이 가장 중요하다고 말합니다.[37] 그 후에 주의 기도가 등장하고[38], 하느님의 자애로움에 뿌리를 둔 기도에 대한 격려가 이어집니다.[39]

버지께서 원하신 뜻이었습니다. 아버지께서는 모든 것을 저에게 맡겨주셨습니다. 아들이 누구인지는 아버지만이 아시고 또 아버지가 누구신지는 아들과 또 그가 아버지를 계시하려고 택한 사람만이 알 수 있습니다." 그리고 예수께서 돌아서서 제자들에게 따로 말씀하셨다. "너희가 지금 보는 것을 보는 눈은 행복하다. 사실 많은 예언자들과 제왕들도 너희가 지금 보는 것을 보려고 했으나 보지 못하였고 너희가 듣는 것을 들으려고 했으나 듣지 못하였다.'" (루가 10:21~24)

36 루가 10:25~37 참조

37 "예수의 일행이 여행하다가 어떤 마을에 들렀는데 마르타라는 여자가 자기 집에 예수를 모셔 들였다. 그에게는 마리아라는 동생이 있었는데 마리아는 주님의 발치에 앉아서 말씀을 듣고 있었다. 시중드는 일에 경황이 없던 마르타는 예수께 와서 "주님, 제 동생이 저에게만 일을 떠맡기는데 이것을 보시고도 가만두십니까? 마리아더러 저를 좀 거들어주라고 일러주십시오" 하고 말하였다. 그러나 주께서는 이렇게 대답하셨다. "마르타, 마르타, 너는 많은 일에 다 마음을 쓰며 걱정하지만 실상 필요한 것은 한 가지뿐이다. 마리아는 참 좋은 몫을 택했다. 그것을 빼앗아서는 안 된다.'" (루가 10:38~42)

38 루가 11:2~4 참조

39 "예수께서는 그들에게 또 이렇게 말씀하셨다. "너희 중 한 사람에게 어떤 친구가 있다고 하자. 한밤중에 그 친구를 찾아가서 '여보게, 빵 세 개만 꾸어주게. 내 친구 하나가 먼 길을 가다가 우리 집에 들

아버지, 그 이름을 거룩하게 하여 주시고,

그 나라를 오게 하여 주십시오.

날마다 우리에게 필요한 양식을 내려 주십시오.

우리의 죄를 용서하여 주십시오.

우리에게 빚진 모든 사람을 우리가 용서합니다.

우리를 시험에 들지 않게 하여 주십시오. (루가 11:2~4)

이처럼 루가는 제자도의 실천에 대한 가르침의 정점에 주의 기도를 놓습니다. 제자들이 하느님 나라의 선교를 능동적으로 펼치기 위해서는 무엇보다도 기도가 중요하다는 사실을 이야기하는 것입니다. 기도는 사명의 본질에 닿아 있습니다. 제자들이 세상으로 보내질 때, 그들은 예수와 마찬가지

렸는데 내어놓을 것이 있어야지' 하고 사정을 한다면 그 친구는 안에서 '귀찮게 굴지 말게. 벌써 문을 닫아걸고 아이들도 나도 다 잠자리에 들었으니 일어나서 줄 수가 없네' 하고 거절할 것이다. 잘 들어라. 이렇게 우정만으로는 일어나서 빵을 내어주지 않겠지만 귀찮게 졸라대면 마침내 자리에서 일어나 그의 청을 들어주지 않겠느냐? 그러므로 나는 말한다. 구하여라, 받을 것이다. 찾아라, 얻을 것이다. 문을 두드려라, 열릴 것이다. 누구든지 구하면 받고 찾으면 얻고 문을 두드리면 열릴 것이다. 생선을 달라는 자식에게 뱀을 줄 아비가 어디 있겠으며 달걀을 달라는데 전갈을 줄 사람이 어디 있겠느냐? 너희가 악하면서도 자녀에게 좋은 것을 줄 줄 알거든 하늘에 계신 아버지께서야 구하는 사람에게 더 좋은 것 곧 성령을 주시지 않겠느냐?'" (루가 11:5~13)

로 하느님 나라의 선교에 충성하기 때문에 세상으로부터 박해받게 될 것입니다.[40] 제자들은 이 고난을 예수를 따르는 값비싼 비용으로 기꺼이 받아들여야 합니다.[41] 그들은 선한 사마리아인이 보여준 자비와 연민으로 다른 이들을 섬겨야 합니다.[42] 이러한 인내와 섬김은 무엇보다도 예수의 가르침에 귀를 기울이고[43], 하느님 나라에 초점을 둔 기도를 드리며 하느님과 깊이 사귈 때 가능합니다.[44]

정리

주의 기도는 그리스도인의 경험, 교회의 교리교육과 설교, 예수의 가르침 모두에서 핵심적이기 때문에 세심한 탐구가 필요합니다. 마태오는 이 기도를 참된 하느님 나라 백성의 경건한 삶의 중심에 둡니다. 루가는 참된 하느님 나라 선교의 기초로 주의 기도를 제시합니다. 주의 기도가 이처럼 중요하다면 오늘날 우리에게는 어떤 의미를 전달할까요? 주의 기도가 분주한 우리의 삶, 일상에서 중요한 관심사가 될

---

40 루가 9:51~56, 10:1~24 참조
41 루가 9:57~62 참조
42 루가 10:25~37 참조
43 루가 10:38~42 참조
44 루가 11:1~13 참조

수 있을까요?

　우리가 주의 기도와 관련하여 주의 깊게 생각해 볼 문제가 있습니다. 바로 이 기도문을 몸에 익도록 반복하는 훈련에 대한 것입니다. 고대세계에서 기도를 반복하는 일은 매우 가치 있는 영적 수행이었습니다. 주의 기도 안에 담긴 특정한 말들을 되풀이하는 것이 중요했던 이유는 그러한 행위가 기도가 지니는 깊은 의미 속으로 참여자들을 이끌기 때문이었습니다. 우리는 기도를 반복함으로써 기도의 본질을 묵상하고, 기도의 내용을 우리 마음 속 깊이 뿌리 내리게 합니다. 하지만 자발성과 유연성을 중시하는 오늘날의 사람들은 기도를 단순히 반복하는 일이 무슨 소용이 있느냐고 묻습니다. 기도를 반복할수록 오히려 지치고, 주의 기도에 깊이 젖어들기보다는 관심을 잃기 때문입니다. 어떤 훈련이 우리를 이 기도의 풍성함에 참여하도록 도울 수 있을까요? 단순한 반복은 우리에게 도움이 될까요?

제안

- 늘 기도하며 하느님을 중심에 두고 통합된 삶을 사셨던 예수에 대해 묵상하십시오.
- 일어나자마자, 한낮에, 자기 전에 주의 기도를 드리며 하루의 삶을 점검하십시오.
- 이를 일주일 동안 꾸준히 시도하십시오. 이 훈련이 당신의 삶을 어떻게 변화시키는지 살펴보십시오.
- 작은 종이에 주의 기도를 적어 평상시에 읽을 수 있도록 가지고 다녀 보십시오.
- 노래의 형태를 띤 주의 기도에 익숙하다면 규칙적으로 노래해보십시오.

토의를 위한 질문

- 당신은 주의 기도와 관련한 경험이 있습니까? 이 기도를 언제, 누구에게서 처음 배웠나요? 주의 기도는 당신의 삶과 기도에 어떤 역할을 했나요? 당신을 기도하도록 이끈 것은 무엇이며, 기도를 통해 어떻게 성장했습니까?
- 주의 기도를 의미 있게 만든 경험이 있습니까? 그 경험은 당신의 기도에 어떤 영향을 끼쳤습니까?
- 주의 기도는 하느님 나라를 전하는 여러분을 어떤 방식으로 격려합니까?

그리스도교 신앙은
일련의 신조가 아니라
당신이 배워야 하는 기도다.
도중에 교리를 다룰 때도 있을 것이다.
그러나 그리스도교 교리라는 것은
따지고 보면 실은 기도 같은 것,
일련의 실천 같은 것이다.
교리의 목적은 우리로 하여금
"하늘에 계신 우리 아버지…"
하고 기도하도록 돕는 것이다.

스탠리 하우어워스, 윌리엄 윌리몬,
『주여, 기도를 가르쳐 주소서』 中

기도 안에 그 사람이 담깁니다.
기도하는 사람의 마음에 있는 것이
기도에 담기기 때문입니다.
기도를 보면 그 사람이 보입니다.
무엇을 고민하고 있으며,
무엇을 목표로 살고 있고,
무엇을 귀하게 여기는지를 알 수 있습니다.
당신이 진실하게 기도하고 있다면,
기도에 담은 것이 무엇인지
적어 놓고 살펴보시기 바랍니다.
당신의 영적 상태를 파악할 수 있습니다.
언제나 같은 것을 구하고 있다면,
그 사람의 영적 상태는
언제나 그 자리에 머물러 있다는 뜻입니다.
진정한 영적 성장은
기도를 변화시킵니다.

김영봉, 『가장 위험한 기도, 주기도』 中

02

우리의 욕망을 재조정하기

'제자를 위한 기도'로 기도하기

주의 기도는 '제자를 위한 기도'라 불러도 무방합니다. 예수께서는 자신을 둘러싼 군중이 아닌, 제자들에게 이 기도를 가르치셨기 때문입니다. 앞 장에서 주의 기도가 어떻게 제자들의 의로운 성품, 참된 경건, 세상 속에서 소금과 빛이 되는 교회의 선교 사명을 다지고 단단하게 만들었는지를 마태오와 루가의 복음서를 통해 이야기한 바 있습니다.

우리 마음의 진정한 상태와 가장 깊은 욕망의 내용을 파악하기 위해서는 우리가 드리는 기도가 무엇에 집중하고 있는지를 살펴야 합니다. 기도는 우리 마음을 온전히 드러내는

지표입니다. 하느님께 큰소리로 외치든, 침묵으로 이야기하든 간에 무엇을 위해 기도하고 있는지를 살핀다면, '우리 자신이 진정으로 원하는 것은 무엇인가? 우리에게 가장 중요한 것은 무엇인가?'라는 질문에 대한 해답을 찾을 수 있습니다. 다음과 같은 말이 중세시대로부터 전해집니다.

> 사도신경은 우리에게 무엇을 믿어야 하는지를 가르치고, 십계명은 우리가 무엇을 해야 하는지를 가르치며, 주의 기도는 우리가 무엇을 원해야 하는지를 가르친다.[1]

우리의 욕망을 재조정하는 주의 기도

토마스 아퀴나스Thomas Aquinas는 기도를 "욕망의 해석자"라고 불렀습니다.[2] 그의 핵심통찰은 주의 기도가 개인적인 갈망과 영적인 추구를 완성해주는 궁극적 대상을 우리에게 가르침으로써 우리 마음의 바람들을 지도하고 조정한다는

---

[1] Thomas Aquinas (trans L Shapcote), *The Commandments of God: Conferences on the Two Preepts of Charity and the Ten Commandments* (London: Burns, Oates and Washbourne, 1937) p.1.

[2] Aquinas, *Summa Theologica* II-II, 83, 9. 『신학대전2』 (바오로딸)

것입니다. 아우구스티누스Augustine는 우리가 주의 기도를 드림으로써 무엇을 위해 기도해야 하는지를 알고, 욕망을 훈련시켜 하느님의 목적과 조화를 향하도록 변화한다고 말했습니다.[3] 그는 주의 기도를 모든 그리스도인에게 주어진 매우 구체적인 기도의 모범이라고 생각했습니다. 아우구스티누스는 예수께서 가르쳐주신 청원들이 우리가 그분에게 무엇을 어떻게 요구해야 할지 신학적인 원칙과 기준을 제공한다고 확신했고, 우리의 바람이 주의 기도에 담긴 청원과 일치하지 않는다면 그 바람은 합당하지 않다고 결론지었습니다. 예를 들어 그는 부와 명예를 위한 기도는 주의 기도와 양립할 수 없기에 원칙에서 벗어난다고 생각했습니다. 제임스 패커James Packer는 이들의 생각에서 논리적인 결론을 끌어냅니다. 그는 주의 기도가 모든 그리스도인의 기도가 따를 모범이라면, 우리가 드리는 모든 기도는 어떤 식으로든 주의 기도를 본받아야 한다고 말합니다.

> 우리의 모든 기도는 어떤 형태로든지 주의 기도를 본받아야만 한다. … 우리는 주의 기도를 벗어나 간구해서는 안 될

---

[3] Augustine (trans W. Parsons), 'Epistle 130' in *Letters*, Vol II: 83~130 (New York: Fathers of the Church, Inc, 1953).

다. 주의 기도는 주님의 첫 번째 가르침일 뿐만 아니라 다른 모든 가르침을 담고 있기 때문이다.[4]

주의 기도에 더 깊이 들어가고자 하는 사람은 예수께서 기도의 모범으로 제시하신 것에 특정한 모습, 형태가 있음을 기억해야 합니다. 즉 우리는 먼저 하느님의 영광을 구하고, 그 후에 하느님께서 자신의 백성에게 마땅한 영광과 존귀를 받으시도록 물질적, 영적 축복을 베풀어 달라고 간구해야 합니다. 토마스 아퀴나스는 아우구스티누스의 통찰을 심화시켰습니다. 그는 주의 기도야말로 "가장 완벽한 기도"라고 말하면서 주의 기도 안에서, 우리가 원하는 모든 것을 주의 기도가 제시하는 순서를 따라 구해야 한다고 보았습니다. 이러한 통찰은 우리를 주의 기도에 담긴 일곱 가지 청원의 정확한 순서, 그에 따른 신학적 내용에 주목하게 합니다.

주의 기도의 구조

주의 기도에 관한 대부분의 해석은 이 기도가 크게 두 부분으로 나뉜다고 봅니다. 전반부는 하느님(그분의 이름, 그분이

---

4 J. I. Packer, *Growing in Christ* (Wheaton, IL: Crossway, 1996) pp. 156, 157~158. 『주기도문』(아바서원)

통치하시는 나라, 그분의 뜻)께 초점을 맞춘 세 가지 청원으로 이루어져 있고, 후반부는 인간의 필요(필요한 양식, 죄의 용서, 영적 보호)를 다루고 있습니다. 주의 기도의 구조를 볼 때 '하느님-청원'이 '우리-청원'보다 앞서 배치되어 있다는 점이 중요합니다. 주의 기도를 전체적으로 보면, 세심하게 배열된 다섯 가지 구성요소를 확인할 수 있습니다.

1. 호칭

주의 기도는 우리가 기도드리는 대상, 즉 '하늘에 계신 우리 아버지'를 부름으로써 시작합니다. 하느님의 본성과 성격을 나타내는 '아버지'라는 호칭은 기도 전체를 지배하는 실재입니다. 제자들은 참되고 유일하신 분, 세계의 창조자이며 구원자이신 분, 곧 예수의 사역 안에서 자신의 목적을 충만하게 이루실 하느님과 친밀한 관계를 나눕니다. 우리는 그분을 '우리 아버지'라고 부를 수 있습니다.

2. 하느님의 목적에 부합하는 세 가지 청원

주의 기도는 단호하게 '우리'가 아니라 '하느님'으로 시작합니다. 우리는 우리를 짓누르는 일상의 문제나 필요를 꺼내 놓기 전에, 먼저 우리 자신을 하느님의 목적에 맞춥니다. 하느님의 궁극적인 목표에 우리 자신을 일치시키는 것입니다. 주의 기도는 하느님의 이름이 거룩히 여겨지고, 그분의 나라가 오며, 그분의 뜻이 이루어지리라는 제자들의 참된 목적과 목표를 구현하고 있습니다. 하느님 나라의 백성은 자기 삶의 우선순위를 하느님께 두고 자신을 온전히 헌신해야 합니다.

3. 하느님 나라 백성으로 살기 위해 필요한 것을 구하는 네 가지 청원

주의 기도는 하느님의 이름과 나라, 뜻을 우리 삶의 최우선 순위로 삼은 뒤에 우리가 하느님을 위해 사는 데 필요한 모든 것을 간구하는 내용으로 이어집니다. 처음 세 가지 청원이 그리스도인의 목적과 목표를 표현한다면, 이어지는 네 가지 청원은 그 목적과 목표를 이루기 위해 필수적인 수단을 나타냅니다. 우리는 하느님을 위해 살고 그분을 충실히 섬기기 위해 하느님의 은총과 권능을 구합니다. 우리의 물질적 필요를 채워주시고, 우리 죄를 용서해주시며, 우리를 시험에 빠지지 않게 하시고, 사탄과 사탄이 행하는 모든 일로부터 보호해 주시기를 요청합니다. 우리에게 필요한 모든 것은 전적으로 하느님의 베푸심에 달려 있음을 확언합니다.

4. 송영

대부분의 학자는 주의 기도 마지막에 등장하는 송영頌榮, doxology, 즉 "나라와 권세와 영광은 영원히 아버지의 것입니다"라는 구절이 신약성서의 원 본문original New Testament text에는 들어있지 않았으나 2세기의 교회가 기도에 합당한 결론으로 여기고 추가했을 것이라는 데 의견을 같이합니다.* 이러한 방식은 하느님을 찬양하는 것으로 모든 기도를 끝맺던 유대교의 관습과 일치하며, 역대기상 29장 11절, 시편 145편 10~13절에 등장하는 구약의 찬양과도 맥을 같이 합니다.5 송영은 하느님에 대한 찬양과 존경을 표현합니다. '나라와 권세와 영광'은 '지금도, 그리고 영원히' 우리 하느님께 전적으로 속한 것입니다. 송영은 주의 기도에서 우리의 확신을 위

---

* 정양모 역주, 『열두 사도들의 가르침』, 분도출판사, p.63와 서중석, 『주기도문과 제자의 길』, 이레서원, p.165~166 참조

5 "야훼 하느님은 위대하시고 힘있으시어 존귀와 영화가 빛납니다. 하늘과 땅에 있는 것 어느 하나 하느님의 것 아닌 것이 없습니다. 온 세상 위에 군림하시어 다스리실 이 야훼뿐이십니다." (역대 29:11), "야훼여, 당신의 온갖 피조물들이 감사 노래 부르고 신도들이 당신을 찬양하게 하소서. 그들이 당신 나라의 영광을 들어 말하고 당신의 공적을 이야기하게 하소서. 그리하여 당신의 공적을 사람에게 알리고 당신 나라의 그 찬란한 영광을 알게 하소서. 당신의 나라는 영원한 나라, 당신만이 만세에 왕이십니다. 야훼의 말씀은 언제나 진실되고, 그 하시는 일 모두 사랑의 업적이다." (시편 145:10~13)

한 신학적인 기초를 분명하게 표현함으로써 하느님을 아버지로 부른 첫 부분과 병행을 이룹니다. 이는 다시 한번 우리의 관심을 비길 데 없는 하느님의 주권으로 돌리게 하고, 우리의 필요를 하느님의 관점에서 보게 하며, 하느님의 궁극적 승리에 대한 우리의 신뢰를 재확인시켜 줍니다.

5. 봉헌

주의 기도는 '아멘'에서 정점에 도달합니다. 이 친숙한 단어는 단순히 기도를 끝마쳤음을 표시하는 전통적인 관습 이상의 것입니다. 여기에는 인격적인 승인이 포함되어 있습니다. 아멘은 자신이 기도드린 것에 대한 확고한 헌신을 표현합니다. 제자들에게 '아멘'이란 말은 예수 그리스도와 그의 나라가 자신들의 삶의 가장 우선순위에 있음을 다시 한번 확인하고 스스로를 봉헌함을 뜻합니다.

정리

지금까지 주의 기도의 목적이 무엇이고, 이 기도가 전체적으로 어떻게 연결되어 있으며, 각 부분이 어떻게 다음 단계로 흘러가며, 또 우리의 욕망을 포괄적으로 재조정하는지 살펴보았습니다. 이제 각각의 청원들을 자세히 살펴봅시다.

제안

- 하느님의 목적과 완전히 일치하기를 추구하셨던 예수의 삶을 묵상하십시오. 그분은 하느님 나라를 자신의 삶을 통해 체현하고 드러내셨으며, 영적·육체적 필요를 위해 하느님께 전적으로 의지하셨습니다. 또한 그분은 온 인류에게 하느님의 사랑을 보여주셨고 죽음에 이를 때까지 하느님의 뜻을 신뢰하셨습니다.

- 주의 기도의 구조를 여러분이 드리는 기도의 골격으로 삼아 보십시오. 우선 하느님을 찬양하고, 하느님 나라의 목적에 당신의 마음을 일치시키고, 하느님을 위한 삶에 필요한 것을 하느님께 구하십시오. 기도를 마치면서 우리의 기도를 들으시고 이에 응답하시는 하느님께 찬양을 드리십시오.

- 당신의 지인 중에 어려움을 겪거나 질병으로 고통받는 이들을 기억하십시오. 그들과 함께, 혹은 그들을 위해 주의 기도를 드리십시오.

토의를 위한 질문

- 우리의 기도가 어떻게 우리 마음의 상태를 보여주는 지표일 수 있습니까?

- 당신은 당신의 마음을 바꾸기 위해, 어떤 욕망을 가지고 주의 기도를 드립니까? 당신의 마음이 어떻게 변하기를 원합니까?

- 당신이 드리는 기도의 내용과 초점은 주의 기도의 우선순위와 일치합니까? 당신은 주의 기도를 모든 기도의 모범으로 이해하는 아우구스티누스의 견해에 동의합니까?
- 주의 기도에서 어떤 형태나 주제를 발견했습니까?

우리는 언제나 우리 자신이 원하는 것이
매우 중요하다고 생각합니다.
하지만 우리가 행하는 기도가 참된 기도가 되려면,
우리는 하느님께서 우리에게 주시는 제안을 받아들여야 합니다.
우리는 우리 자신으로부터 기도할 수 없습니다.
설령 우리가 기도했지만 실망하게 되는 일을 경험한다고 해도,
우리는 하느님께서 우리에게 참된 기도의 길을
보이신다는 것을 받아들여야 합니다.
하느님은 우리 자신의 관심사와 문제를
가득 지고 있는 우리를 특정한 길 위에 세우십니다.
그 길 위에서 우리는 모든 것을
하느님께로 가지고 갈 수 있습니다.
물론 우리는 그 길로 스스로 들어서야 합니다.
이 훈련은 우리에게 필수적입니다.
그런 훈련을 하지 않는다면
우리는 허공을 향해 소리를 지르고 있는
우리 자신을 발견한 뒤 놀라게 될 것입니다.
그런 훈련을 하지 않은 사람은
우리가 이미 하느님이 들으신 기도
안에 있음을 깨닫지 못합니다.

칼 바르트, 『기도』 中

놀라운 점은 '나'의 영혼이 자라는 것,
'나'의 정신이 더 발전하는 것과 관련된 기도는
철저히 실패한다는 점입니다.
이를 달리 표현한다면 이런 말이 될 것입니다.
'주여, 내 삶을 더욱더 거룩한 길로
인도해 주소서'라는 기도가 중요할 수도 있습니다.
어쩌면 이 기도는 당연한 것일지도 모릅니다.
그러나 예수는 바로 그곳에서 우리의 시선을
우리 자신으로부터,
우리의 경건한 인간 됨됨이로부터 돌려놓으십니다.
바로 그곳에서 예수는
우리의 시선을 아버지께로 인도하십니다.
'내가 아니라 당신의 이름이
거룩히 여김을 받으시기를.'
…
진정 우리 자신을 높이 끌어올리는 것
그리고 '나'의 영혼이 발전하는 것이
가장 중요한 게 아닙니다.
여러분 자신을 궁극적인 목표로 삼아서는 안 됩니다.
도리어 여러분이 삶에서
하느님께 영광을 돌리고 그분이 일하시게 하는 것,
철저히 그분께 맡기고 침묵을 지키면서
모든 인간, 모든 사물보다 여러분을 아끼시는
그분이 '유일하게 거룩하신 분'이 되게 하는 것이
모든 것을 좌우하는 관건입니다.
'그러면 나른 모든 것은 저절로
이루어집니다.'

헬무트 틸리케, 『세상을 부둥켜안은 기도』 中

03

하느님의 목적에 우리 자신을 맞추기

> 하늘에 계신 우리 아버지,
> 그 이름을 거룩하게 하여 주시며,
> 그 나라를 오게 하여 주시며,
> 그 뜻을 하늘에서 이루심 같이,
> 땅에서도 이루어 주십시오.

주의 기도의 전반부에서는 우선 하느님을 부르고, 하느님의 이름과 나라, 뜻을 다루는 하느님에 관한 복잡한 세 가지 청원이 이어집니다. 이러한 방식의 기도는 삶에서 하느님을 최우선으로 두고 욕망을 재조정하도록 우리를 이끕니다.

하늘에 계신 우리 아버지

부름은 우리가 기도할 때 그 대상이 되는 분이 누구신지를 밝혀줍니다. 어떤 그리스도교 전통에서는 주의 기도를 가장 먼저 등장하는 두 단어인 '우리 아버지', 라틴어 '파테르 노스테르'Parter Noster라고 부릅니다.* 여기서 우리는 단수형인 '나의 아버지'가 아니라 복수형인 '우리 아버지'라는 말을 쓰고 있음을 주목해야 합니다. 주의 기도를 채운 목소리는 개인이 아니라 공동체의 것입니다. 실제로 주의 기도 어디에서도 '나의', '나를'이라는 단어는 쓰이지 않습니다. 언제나 '우리의', '우리를'이란 단어만 쓰입니다.

이 간단한 문법적 차이에 중요한 통찰이 담겨 있습니다. 우리는 복수형을 사용하여 기도하면서 우리 자신을 필연적으로 기도 안에 포함하지만, 우리가 요청하는 내용의 범위는 개인인 우리 자신으로 한정되지 않습니다. 내가 '우리'를 위하여 기도할 때, 나는 그리스도의 몸을 이룬 다른 이들과 함께 참여하며, 나 자신뿐만 아니라 그들의 축복을 구합니다. 이 기도를 개인적인 헌신의 일환이나 사적인 차원으로만 사

---

* 주의 기도는 로마 가톨릭 전통에서 '우리 아버지'라고 불린다. 로마 가톨릭 전통이 바라보는 주의 기도의 의미에 대한 266대 교황 프란치스코의 해석을 살피려면 『우리 아버지』(한마당, 2018)를 살펴보기 바란다.

용한다면 본질상 공동체적 성격을 갖는 주의 기도를 오해하는 것입니다. 현대 문화에 사는 사람들은 삶을 개인적인 차원에서만 이해하는 경향이 강하기 때문에 '나의 아버지', '제게 필요한 양식을 주십시오'라고 일인칭 단수형의 단어를 사용하고 싶어 할지도 모릅니다. 그러나 그러한 식으로 기도를 바꾸는 일은 설령 좋은 의도에서 비롯된 것이라 할지라도 적절하지 않습니다. 모든 그리스도인은 예수께서 그러하셨듯 하느님을 '나의 아버지'라고 부를 수 있는 특권을 가졌지만, 주의 기도에 담긴 언어들을 개인적인 목적으로 바꾸어 쓰는 일은 공동체의 일원으로서 자신의 자리를 발견하게 하는 공동의 기도, 주의 기도의 토대를 약화할 위험이 있습니다.

우리는 누구에게 기도합니까? '아버지'라는 말은 하느님을 일종의 남성으로 본다는 점에서 최근 수십 년간 광범위한 논쟁의 주제가 되어 왔습니다. 교회는 하느님을 가리킬 때 사용해온 남성 언어의 사목적 복잡성을 더 고려하게 되었습니다. 육신의 아버지가 부재하거나 아버지에게 학대받은 이에게, 아버지를 떠올리게 하는 언어를 빌어 하느님을 말하는 것은 문제가 될 수 있습니다. 어떤 사람들은 하느님을 아버지 대신에 부모님, '하늘에 계신 우리 부모님'이라고 부르자고 제안하기도 했습니다. 여기서 우리는 기도드리는 대상이 모든 인간적인 아버지와는 구별되는 '하늘에 계신 아버지'라는 사실을 상기하는 게 중요합니다. '하늘에 계신' 우리 아버지는 '이 땅에 사는' 어떤 아버지와도 질적으로 완전히 다릅니다. 우리가 하느님을 '우리 아버지'라고 부른다는 것이 인간의 어떤 특징을 하느님께 투사하고 그 특징을 절대화하는 것을 의미하지는 않습니다.

'아버지'는 신약성서에 계시된 하느님의 이름입니다. '하느님이 우리의 아버지시다'라는 말은 복음의 이야기에서 발견되고 비롯된 것이지, 인간 아버지에 대한 우리의 경험에서 비롯된 것이 아닙니다. 예수는 본성상 하늘 아버지의 거룩한 아들이시며, 모든 그리스도인은 하느님에게 받아들여진 아들, 딸입니다. 하느님을 '우리 아버지'라고 부를 수 있는 자녀들이라는 새로운 지위는 신약성서가 전하는 핵심 진리입니다. "그분을 맞아들이고 믿는 사람들에게는 하느님의 자녀가 되는 특권을 주셨다"(요한 1:12)는 믿음은 복음의 정수입니다. 사도 바울로는 이 생각을 더 발전시켜 삼위일체의 맥락에서 말합니다.

> 하느님께서 당신의 아들을 보내시어 여자의 몸에서 나게 하시고 율법의 지배를 받게 하시어 율법의 지배를 받고 사는

사람을 구원해 내시고 또 우리에게 당신의 자녀가 되는 자격을 얻게 하셨습니다. 이제 여러분은 하느님의 자녀가 되었으므로 하느님께서는 여러분의 마음속에 당신의 아들의 성령을 보내주셨습니다. 그래서 여러분은 하느님을 "아빠, 아버지!"라고 부를 수 있게 되었습니다. (갈라 4:4-6)

하느님의 자녀로 받아들여졌다는 이 선물은 제임스 패커에 따르면 "복음이 제공하는 최고의 특권"입니다.[1] 그는 이렇게 덧붙입니다.

> 하느님은 우리를 받아들이셔서 그의 가족, 동료로 삼아 주시고 우리를 그의 자녀로, 상속자로 세우신다. 이 관계의 핵심은 친밀함, 애정, 그리고 관대함이다. 의로우신 하느님과 함께 올바르게 사는 것은 위대한 일이지만, 아버지이신 하느님께 사랑받고 보살핌을 받는 것은 더욱더 위대한 일이다.[2]

'사랑받고 보살핌을 받는다'는 느낌은 발달심리학자들이

---

[1] J. I. Packer, *Knowing God* (Downers Grove, IL: Intervarsity Press, 1973) p. 186. 『하나님을 아는 지식』(IVP)

[2] Packer, *Knowing God*, pp. 187~188.

아이들의 성장 과정에서 필수적이라고 보는 '안정 애착'secure attachment과 유사합니다. 제임스 패커는 이 느낌을 영적인 차원에서 바라보고 있습니다. 아이와 양육자 사이의 친밀한 유대관계는 아이들 스스로 세상에 나아가도록, 새로운 영역을 탐색할 때 발생하는 위험을 감수하도록 안정감과 자신감을 조성해줍니다. 영적인 차원에서 볼 때 주의 기도의 첫 구절에 담긴 단어들은 신앙인들이 하늘에 계신 아버지와 맺는 친밀한 유대관계를 드러냅니다. 그리스도인은 이 관계에 뿌리 내려야만 적대자들 가운데서도 신앙을 지키며 험한 세상 속으로 '소금'과 '빛'으로서 자신 있게 나아갈 수 있습니다. 신앙인들의 삶에서 하느님과의 친밀한 관계는 필수입니다.

우리는 역설적이게도 초월적인 하느님의 권위와 인격적인 하느님의 자비를 결합하며 주의 기도를 시작합니다. '하늘에 계신 아버지'라는 말은 그분의 주권과 초월성, 장엄한 본성을 가리킵니다. 동시에 하느님이 당신의 백성과 맺으신 친밀하고 애정 어린 관계를 드러냅니다. 하느님께서 '하늘'에 계시다는 것을 떠올리는 일은 우리가 하느님을 길들이고, 그분을 인간의 이미지로 왜곡하고, 그분의 주된 활동을 인간의 삶에 도움을 주는 것으로 축소하지 못하게 합니다. 한편으로 하느님 '아버지'의 사랑을 떠올리는 일은 우리가 하느님을 멀리하지 않도록, 친밀한 우정과 사귐의 관계를 맺자고 초대하시는 하느님을 거부하지 않도록 돕습니다. 주의 기도에 담긴 모든 내용은 여기에서 출발합니다.

아버지의 이름을 거룩하게 하여 주시며

성서에 등장하는 하느님의 '이름'은 하느님 자신을 간략하게 줄여 부르는 말입니다. 대표적인 사례를 시편에서 찾아볼 수 있습니다.

> 나의 하느님, 나의 임금님, 내가 당신을 높이 받들며
> 언제까지나 당신 이름 찬양하오리이다. (시편 145:1)

이 구절은 히브리 시가에서 자주 사용되는 평행법parallelism을 활용해 '임금님이신 하느님'과 '당신 이름'이 동의어임을 보여줍니다. 하느님의 이름을 찬양하는 것은 곧 하느님 자신을 찬양하는 것입니다. 하느님이 거룩하시기 때문에 그 이름 또한 거룩합니다. 우리는 하느님의 본성과 성격에 마땅히 부여할 수 있는 무엇이라면 그분의 이름에도 부여할 수 있습니다. 주의 기도에서 사용된 하느님의 이름을 '거룩하게 하다'hallow라는 말은 하느님의 본질적인 순수함과 거룩함을 깨

닫는 것을 뜻합니다. 이미 거룩하신 하느님을 보다 더 거룩하게 할 방법이란 존재하지 않습니다. 주의 기도는 하느님을 이스라엘의 거룩하신 분으로 받아들이고 그분이 받아 마땅한 영광을 올려 드리는 기도입니다.

이 청원의 두 가지 특징을 주목해야 합니다. 첫째, 주의 기도는 하느님이 그의 백성뿐만 아니라 모든 땅, 모든 시대에 살았던 백성들로부터 경배와 영광을 받으셔야 한다고 말합니다. 하느님은 유일하시며 참된 분이시기 때문입니다. 하느님께 대한 경배와 영광의 요청에는 온 세계를 바라보는 관점이 담겨 있습니다. 주의 기도는 땅끝까지 복음이 전파되어 하느님이 마땅히 하느님으로서 알려져야 한다고 말합니다. 둘째로 주의 기도는 "그 이름을 거룩하게 하여 주시며"(마태 6:9)라고 말하면서 수동태를 사용합니다. 성서에서 수동태는 인간의 활동이 아니라 하느님의 활동을 나타낼 때 사용됩니다. 주의 기도에는 하느님께서 언제나 누구인지를 몸소 깨우쳐주신다는 신학적 진리가 담겨 있습니다. 하느님이 누구신지에 대해 어떤 사람이 깨달았다면, 그것을 가르쳐준 분은 바로 하느님이십니다. 하느님은 자신의 백성이 하느님 자신을 드러내는 대리인으로, 자신이 이루시려는 목적에 능동적으로 참여하며 살도록 그들을 선택하여 사용하십니다. 그러나 궁극적으로 하느님을 알리는 것은 우리가 아닙니다. 하느님은 스스로 자신을 드러내십니다.

따라서 이 청원에는 하느님만이 하실 수 있는 일을 마땅히 하시기를, 이를 통해 하느님의 본성과 성격이 진실로, 있는 그대로 세상에 알려지기를 바란다는 뜻이 담겨 있습니다. 동시에 하느님의 목적으로 이끌린 우리가, 일상에서 온전한 태도와 행실로 하느님의 거룩하심을 드러낼 수 있기를 기도하고 있습니다. 하느님의 이름이 드높여지는 것은 백성의 성품, 행실과 긴밀하게 연결되어 있기 때문입니다. 유대인들은 이렇게 생각했습니다.

> '지금' 하느님의 이름을 거룩하게 하는 것이 중요하다고 여기며 사는 사람만이, '미래'에도 하느님의 이름을 거룩하게 해 달라고 진실하게 요청할 수 있다.[3]

"그 이름을 거룩하게 하여 주시며"라고 기도하는 것은 우리가 하느님의 영광과 명예를 가장 드높이겠다고 약속한다는 뜻입니다.

---

[3] C. Keener, *A Commentary on the Gospel of Matthew* (Grand Rapids: Eerdmans, 1999) p.219.

아버지의 나라를 오게 하여 주시며

주의 기도에서 이어지는 청원들의 순서에는 신학적 진전이 있습니다. 하느님의 이름이 거룩하다고 여겨질 때, 곧 유일하시고 참된 하느님께서 마땅한 인정과 영광을 받으실 때 세상은 하느님을 온 세계의 참된 왕, 우주의 주인, 정당한 통치자라고 깨닫게 됩니다. 두 청원의 관계는 명백합니다. 하느님의 이름이 인정받는 것과 하느님 나라가 임하는 것은 서로 이어져 있습니다. 달리 말하면, 온 땅의 백성들이 하느님께서 주인이심을 인정하고 그분의 통치 계획을 따라 살면, 하느님의 나라가 드러난다는 것입니다. "아버지의 나라를 오게 하여 주시며"라는 청원은 하느님께서 다스리시고, 그의 왕적인 통치와 능력이 드러나서 자신의 의로움과 지배에 저항하는 모든 적대 세력을 물리치시고, 오직 하느님만이 온 세계의 왕이 되시기를 요청합니다.[4]

성서는 복잡한 현실을 묘사합니다. 하느님 나라는 이미 시작되었지만 아직 완전히 실현되지 않았습니다. 하느님 나라는 현재이며 오늘도 그 안에 참여할 수 있지만, 그 완성은 미래에 놓여있습니다. 우리는 종종 아무렇지도 않은 듯 하느

---

4 G. E. Ladd, *The Gospel of the Kingdom* (London: Paternoster Press, 1959) p.21. 『하나님 나라의 복음』(서로사랑)

님 나라를 '세운다'고 말하지만, 신약성서를 주의 깊게 읽는다면 하느님께서 이 임무를 당신의 백성에게 맡기지 않으셨음을 깨닫게 될 것입니다. 하느님 나라를 세우시는 분은 하느님 자신이십니다. 교회는 이 세상을 의롭게 다스리시는 하느님의 현존과 능력을 증언하는 이중의 증인으로 부름받았습니다. 교회는 하느님의 복음을 선포하고, 깨어진 세계 한가운데서 '소금과 빛'으로 사는 공동체를 통해 새로운 삶을 증명합니다. 우리의 가장 중요한 임무는 모든 사람을 하느님 나라에 참여하도록, 또 하느님 나라의 축복들, 용서와 화해, 치유와 의로움, 평화와 기쁨을 나누도록 초대하는 것입니다. 하느님 나라의 현존은 구약성서에 담겨있듯 '샬롬'שלום, 즉 하느님과 사람, 그리고 모든 창조 세계가 올바른 관계를 맺음으로써 이루어진 온전하고 행복한 상태를 의미합니다. 그리스도의 제자들은 하느님의 통치가 개인적인 삶과 교회, 공동체와 사회 속에서 눈으로 확인되며 현실로 펼쳐지기를 기대하면서 "먼저 하느님의 나라와 하느님께서 의롭게 여기시는 것"(마태 6:33)을 구하는 백성이 되어야 합니다. "아버지의 나라를 오게 하여 주시며"라고 기도하는 것은 우리 자신을 계획적이고 의도적으로 하느님의 목적에 일치시키려는 행동입니다. 이 청원의 의미는 우리가 하느님 나라를 최우선으로 여기며, 이를 위해 살겠다고 다짐한다는 뜻입니다.

아버지의 뜻을 이루어 주십시오

이 청원은 하느님의 이름이 거룩하게 여겨지고, 하느님 나라가 펼쳐진다는 것의 의미를 드러냅니다. 하느님이 누구신지 그분의 이름을 높이는 것은 그분의 왕적 통치에 복종하게 하고, 이는 하느님께 순종하는 대상들이 그분의 뜻을 이루게 해줍니다. 하느님께 영광 돌리는 것에서부터 하느님의 통치에 복종하는 것, 그리고 하느님의 뜻과 목적을 성취하는 일로 옮겨갑니다. 하나의 실재로 묶인 세 차원이 점진적으로 펼쳐지는 것입니다.

앞선 두 청원과 같이, "아버지의 뜻을 이루어 주십시오"라는 청원도 마지막 때에 나타날 하느님의 궁극적인 승리를 지향합니다. 동시에 이 청원은 우리 자신을 포함한 모든 이가 예수께서 가르쳐 주신 "선하고, 하느님의 마음에 들며, 완전한"⁵ 뜻 안에서 무엇보다도 하느님을 드러내는 길, 의로운 제자로 살아야 함을 요청하고 있습니다. 믿음에 걸맞은 실천을

---

5 "여러분은 이 세상을 본받지 말고 마음을 새롭게 하여 새 사람이 되십시오. 이리하여 무엇이 하느님의 뜻인지, 무엇이 선하고 무엇이 그분 마음에 들며 무엇이 완전한 것인지를 분간하도록 하십시오." (로마 12:2)

표명하는 것입니다.

예수께서는 말씀하십니다.

> '주님, 주님!' 하고 부른다고 다 하늘나라에 들어가는 것이 아니다. 하늘에 계신 내 아버지의 뜻을 실천하는 사람이라야 들어간다. (마태 7:21)

산상설교(마태오의 복음서)에서 이 말씀이 주의 기도와 얼마 떨어지지 않은 자리에 배치되었다는 점을 주목해야 합니다. 신앙에서 말로 하는 고백은 필수적이지만, 그것으로 충분하지는 않습니다. 하느님을 기쁘시게 하는 것은 제자로서 사는 일입니다. 말하고, 그것을 살아내는 일이야말로 '믿음에서 우러난 순종'[6]을 현실로 밝히 드러내는 증서입니다.

우리 자신의 방식이 아닌 하느님의 방식을 따르겠다는 타협 없는 약속의 전형은 게쎄마니(겟세마네) 동산에서 기도하셨던 예수에게서 발견됩니다.

---

[6] "내가 은총으로 사도직을 받은 것도 그분을 통해서였습니다. 이것은 모든 이방인들에게 하느님을 믿고 복종할 것을 가르침으로써 그분의 영광을 드러내기 위한 것이었습니다." (로마 1:5)

아버지, 아버지께서는 하시고자만 하시면 무엇이든 다 하실 수 있으시니 이 잔을 저에게서 거두어주소서. 그러나 제 뜻대로 마시고 아버지의 뜻대로 하소서. (마태 26:39)

하느님의 뜻이 이 청원의 초점이 된다는 것은 오직 하느님께서 도우셔야만, 하느님의 은총으로만 우리가 이러한 삶을 살 수 있다는 사실을 떠올리게 합니다.

하늘에서와같이 땅에서도

"하늘에서와같이 땅에서도"라는 구절은 "아버지의 뜻을 이루어 주십시오"라는 구절에 포함되어 있지만, 이 구절은 앞선 세 가지 청원 모두와 연관되어 있다고 생각해야 합니다. 앞선 청원들은 하느님의 이름이 충만한 영광을 받고, 그분의 통치가 전적으로 이뤄지며, 그분의 뜻이 완전히 실현되는 참되고 완벽한 하늘나라를 요청합니다. 또한 이 나라의 온전한 실현을 위해서 하느님의 이름과 나라, 뜻이 우리가 사는 이 땅에서도 충만하게 드러나기를 바라고 있습니다. 여기서 '하늘'은 '땅'의 기준이 됩니다. 이 구절은 우리의 욕망을 다시금 조정하도록 돕습니다.

제자들은 하늘나라의 현실이 이 땅에 실현되기를 열망한다.[7]

자신의 삶과 죽음, 부활을 통해 하느님 나라의 도래를 선포하신 예수의 목적은 바로 이 땅을 근본적으로 변혁하고, 여기에서 하늘나라를 맛보게 하는 것이었습니다. 그분은 하늘나라로 향하는 탈출구를 만들어 사람들을 이 땅으로부터 구해내려고 하지 않았습니다. 우리는 하느님께서 자신의 목적을 완성하기 위해 개입하시는 마지막 때, 즉 "새 하늘과 새 땅"(묵시 21:1)이 나타나기 전까지는 앞선 세 가지 청원들이 온전히 성취되지 않는다는 것을 알고 있습니다. 그러나 우리는 하느님께서 궁극적으로 승리하신다는 확신을 가지고 기도합니다. 그리고 바로 지금 여기에서 하느님 나라를 지향하는 삶을 살아감으로써 우리의 역할을 감당합니다.

정리

세 가지 '하느님-청원'에 관한 이 탐구는 우리에게 두 가지 중요한 가르침을 줍니다. 첫째는 주의 기도를 모범 혹은 귀감으로 삼는 우리 그리스도인의 삶과 기도에서, 궁극적인 목

---

[7] D. L. Turner, *Matthew* (Grand Rapids: Baker, 2008) p.187. 『BECNT 마태복음』(부흥과개혁사)

적은 바로 하느님께 영광을 돌리는 것이라는 사실입니다. 우리의 삶과 기도는 과연 하느님께 영광 돌리는 일을 지향하고 있을까요? 주의 기도는 명백히 철저하게 하느님 중심적입니다. 이 기도는 삶의 모든 차원에서 급격한 방향 전환을 요구합니다. 하느님의 영광과 그분의 이름을 가장 우선적인 자리에 두도록 우리를 사로잡아 이끌고 갑니다. 우리가 드리는 모든 기도의 모범인 주의 기도는 우리 마음이 하느님을 갈망하도록, 하느님께서 가장 중요하다고 여기시는 것에 마음을 향하도록 합니다. 주의 기도는 우리의 기도가 너무 작거나, 근시안적이거나, 자기중심적인 방향으로 일탈하려는 것을 교정해줍니다. 데이비드 터너David Turner는 자신의 주석에서 이렇게 말합니다.

> 주의 기도는 제자들에게 명분을 주고, 필요와 갈망을 충족시키며, 그들이 가진 문제를 해결하는 것을 최우선 과제로 삼지 않는다. 주의 기도는 무엇보다도 하느님께 영광을 돌리고, 하느님의 통치를 넓히며, 그분의 뜻을 수행하는 일에 무엇보다 더 관심한다.[8]

---

8 Turner, *Matthew*, p. 187.

둘째로 주의 기도는 "때가 찼을 때"(갈라 4:4) 궁극적으로 완성될 하느님의 목적에 대한 우리의 소망을 분명히 하며, 우리를 하느님 나라의 활동에 직접 연관시킵니다. 칼 바르트 Karl Barth는 세 가지 청원에 대해 다음과 같이 적었습니다.

> 하느님께서 우리에게 허락하셨고 명령하신 것은 우리가 하느님의 목적에 관심을 가지고, 그 목적-하느님의 이름, 나라, 뜻이 승리하도록 그리고 완전히 실현되도록 기도하는 것입니다. 하느님께서는 완전히 자유롭고 전적으로 자기 스스로 충분한 분이시지만, 홀로 계시기를 원치 않는 분으로 자신을 계시하셨습니다. 하느님은 인간 없이 행동하고, 존재하고, 살고, 노동하고, 일하고, 애쓰고, 이기고, 다스리고, 성취하기를 원치 않으십니다. 따라서 하느님은 자신의 목적이 그 분만의 목적이길 원치 않으시고, 곧 우리의 목적이 되기를 바라십니다.[9]

주의 기도를 드리는 일은 하느님 나라의 목적에 능동적으로 참여하기 위한 인격적인 헌신을 포함합니다. 이 기도는 하느

---

9 Karl Barth (ed D. Saliers), *Prayer* (Philadelphia: Westminster Press, 1985, 2nd ed) pp.47~48. 『기도』(복 있는 사람)

님 나라 시민의 충성을 서약하는 역할을 합니다. 가장 중요한 서약은 이것입니다.

> 무엇보다도 하느님의 이름과 나라, 뜻을 바라며,
> 하느님의 은총으로 삶의 모든 영역에서 당신의 뜻을 행하며,
> 신실한 증인의 책임을 다하고,
> 어떤 타협도 없이
> 하느님께 충성하는 데에만 전념하리라.

제안
- 예수의 생애를 묵상합시다. 그분은 홀로 하느님 아버지와 온전한 교제를 나누며 사셨고, 하느님의 뜻에 순종하여 이 세상에 의로우신 하느님의 통치를 드러내셨으며, 하느님을 알리셨습니다.
- 하느님을 찬양합시다. 하느님께서는 우리의 아버지

가 되기를 원하셔서 우리를 자신의 가족으로 받아 주셨습니다. 하늘에서 다스리시는 하느님께서 우리의 아버지가 되셨고 우리를 지키신다는 사실을 더 깊이 알고, 더 잘 이해하기 위해 기도하십시오.

· 지인 중에 성부, 성자, 성령이신 하느님을 믿지 않는 사람을 생각해보십시오. 그들이 하느님을 받아들이고, 하느님께 영광 돌리며 기쁨으로 하느님 나라에 함께 할 수 있도록 기도하십시오.

· 나라의 지도자들을 위해 기도하고, 정부, 기업, 언론의 지도자들이 하느님 나라의 가치 즉 하느님의 공의, 화해, 평화를 담은 결정을 하도록 요구하십시오.

토의를 위한 질문

· 여러분은 기도할 때 하느님을 어떻게 부릅니까? 하느님을 '아버지'라고 부르는 것이 편합니까? 하느님이 당신의 아버지라는 믿음은 당신에게 어떤 의미입니까?

· 하느님에 관한 청원들이 어떻게 당신이 드리는 기도의 모범이 될 수 있습니까? 하느님에 관한 청원들이 함께하는 교회 공동체 기도의 토대가 된다면 어떤 변화가 있겠습니까?

· 주의 기도를 제자들을 위한 충성 서약으로 생각하는 것은 당신에게 어떤 도움을 줍니까?

예수 그리스도는
가난한 자들의 모습으로
우리 가운데 오신다고 고백하면서도
여전히 값비싼 음식을 대접해야 체면이 선다고 생각하고,
호텔에서 대접받아야 대접받은 것으로 여기는 우리,
굶주려 죽어가는 북한 동포들이 불쌍하다고 눈물지으면서도
먹다 남긴 음식 쓰레기가 넘치는 교회의 주방이라니,
모순입니다. 아이러니입니다. 엉터리입니다.
오늘 우리에게 필요한 기도는
'일용할 양식을 주옵소서'가 아니라,
'일용할 배고픔을 주소서'입니다.
과식으로 항상 속이 더부룩하고,
꼭 필요해서가 아니라 습관으로 음식을 삼키는
이 왜곡된 식사를 청산하지 않는 한
우리는 거룩의 길에 들어설 수가 없습니다.

김기석, 『오래된 새 길』 中

04

하느님의 은총에 기대어

오늘 우리에게 필요한 양식을 내려 주시고,

우리가 우리에게 죄지은 사람을 용서하여 준 것 같이

우리의 죄를 용서하여 주시고,

우리를 시험에 들지 않게 하시고,

악에서 구하여 주십시오.

나라와 권세와 영광은 영원히 아버지의 것입니다. 아멘.

주의 기도 후반부는 그리스도인의 삶의 목표에서 방법들로 초점을 옮깁니다. 네 가지 '우리-청원'에서는 하느님의 이름과 나라, 뜻에 우선순위를 둔 우리가 이 세상에서 '소금과 빛'이 되어 하느님의 목적을 섬기며, 하느님을 위한 삶을 살기 위해 필요한 물질적, 영적 복을 간구합니다. 주의 기도 후반부의 주제는 제자들이 하느님께 전적으로 의존한다는 것입니다. 제자들은 하느님의 베푸심(필요한 양식), 용서(우리 죄에 대한 용서), 안전(어려움 가운데서) 및 보호(악한 것으로부터)를 요구합니다. 그리고 찬양(송영)과 맹세('아멘')로 끝맺습니다.

오늘 우리에게 필요한 양식을 내려 주시고

우리가 하느님의 영광을 위해 살기 원한다면, 우선 살아 있어야 합니다. 몸을 가진 생명체인 우리 인간에게는 기본적으로 필요한 것들이 있습니다. 그 밖의 것들을 추구하는 것은 하느님을 섬기지 못하게 하는 근본적인 장애가 될 수도 있습니다. '필요한 양식'에 대한 언급은 음식, 물, 집, 의복과 같은 물질적인 생존수단을 가리킵니다. 우리는 풍요로운 문화에 살면서 생존을 위한 품목들을 구할 수 있음을 매우 당연하다고 여깁니다. 삶을 유지하는 데 필수적인 이러한 요소들이 사실은 하느님께서 우리에게 베푸신 선물이라는 것을 잊고는 합니다. 그러나 예수에게 기도에 대한 가르침을 받은 유대인들은 예수의 말씀을 이집트를 탈출했던 선조의 경험과 연관 지어 생각했을 것입니다.[1] 하느님은 자신이 선택하신 백성이 40년 동안 광야에서 헤매었을 때 생명을 유지하는 데 필요한 양식(만나와 메추라기)을 공급하셨습니다. 신약성서에 등장하는 예수의 제자들은 자신들의 삶을 지탱하는 것은 하느님의 신실함이라는 믿음을 가졌던 사람들입니다. 그들은 내일에 대한 염려에서 자유로울 수 있었습니다.[2]

이 청원은 우리가 일상을 영위하는 데 필요한 물질을 하느님께서 베풀어주시기를 간구하는 것이 정당하다는 것을 확언합니다. 그러나 우리가 하느님을 섬기기 위해 진정으로 필요한 것과 여가생활을 즐기기 위한 것 사이의 차이를 알아채지 못할 때, 이 청원은 쉽게 왜곡됩니다. 자신의 제자들에게 "재물을 땅에 쌓아두지 말라"(마태 6:19)고 말했던 예수께서 이 기도를 가르치시고 있음을 기억해야 합니다. 이른바 '번영 복음'prosperity gospel이라 불리는 왜곡된 복음이 세상에 널리 퍼져 있지만, 예수께서는 영적인 복과 물질적 부를 동일시하지 않았습니다. 이 청원은 우리가 하느님을 섬기는 데 방해가 되지 않도록 매일의 삶을 위한 필수품을 구하는 것입

---

[1] 출애 16장 참조
[2] "너희는 먼저 하느님의 나라와 하느님께서 의롭게 여기시는 것을 구하여라. 그러면 이 모든 것도 곁들여 받게 될 것이다." (마태 6:33)

니다. 우리는 "필요한 양식"을 구하는 이 기도를 드릴 때, 전 세계의 교회 공동체와 함께 기도를 나누고 있다는 사실을 떠올립니다. 우리는 단지 우리 자신만을 위해 기도드리는 것이 아니라, 매일 매일의 삶을 살아내기 위해 경제적·육체적으로 몸부림쳐야 하는 형제자매들, 우리 가까이에서 혹은 멀리에서 살아가는 그들을 위해 기도해야 합니다.

우리가 우리에게 죄지은 사람을 용서하여 준 것 같이
우리의 죄를 용서하여 주시고

주의 기도는 이제 기본적인 물질의 필요에서 영적 필요로 눈을 돌려 하느님께서 우리 죄를 용서하시기를 간구합니다. 어떤 사람들에게는 '죄'라는 낡아 보이는 단어를 강조하는 것이 당혹스럽거나 심지어 자신을 향한 공격으로 느껴질지도 모르겠습니다. 우리가 십자가의 죽음과 부활을 통한 그리스도의 구원 사역을 믿음으로 받아들일 때, 우리는 죄를 용서받고 새 생명을 얻습니다. 그러나 그리스도의 제자들이 구원받았다고 해서 죄에서 완전히 해방된 것은 아닙니다. 우리의 죄란 그것이 크든 작든 간에 하느님의 이름과 나라, 뜻을 위해 살지 못했음을 뜻합니다. 죄는 하느님께 타협 없이 충성하며 사는 길을 가로막고 서 있습니다. 우리는 너무나도 자주 하느님의 이름, 나라, 뜻보다는 우리 자신의 이름을 드높이고, 우리의 왕국을 세우며, 우리의 뜻을 이루려고 애씁니다. 우리가 '죄', '빚', '거역'과 같은 단어를 얼마나 자주 사용하는지는 중요하지 않습니다. 중요한 것은 주의 기도가 "필요한 양식"을 구하는 만큼이나 날마다의 용서도 구하고 있다는 점입니다. 주의 기도를 통해서 영적으로 단련된다면 우리는 우리 자신을 속이려는 성향을 바로잡을 수 있습니다.

이 청원에 포함된 "우리가 우리에게 죄지은 사람을 용서하여 준 것 같이"라는 구절은 많은 사람을 헷갈리게 합니다. '~와 같이'라는 이 짧은 말에 속고는 합니다. 예수께서는 우리가 행한 일, 즉 다른 사람들을 용서해야만 하느님께 용서를 요청할 권리를 얻을 수 있다고 생각하셨던 것일까요? 그렇지 않습니다. 성서는 하느님의 용서가 자유롭게 주어지고, 공로 없이 부어지며, 전적으로 하느님의 사랑에 의해 주도된다고 가르칩니다.

> 하느님은 우리가 선하고 너그럽기 때문이 아니라, 하느님 자신이 선하고 너그러우시기에 우리를 사랑하십니다.[3]

---

[3] N. Ayo, *The Lord's Prayer* (Notre Dame, IN: University of Notre Dame Press, 1992) p.79.

"우리가 우리에게 죄지은 사람을 용서하여 준 것 같이"라는 구절이 담고 있는 조건이란 우리를 용서하시는 하느님의 능력에 제약을 가하는 것이라기보다는, 하느님께 용서를 구하는 우리 요청이 정당하냐는 것입니다.

부정적으로 말하자면, 그리스도의 제자로서 다른 이들을 용서하지 않으면서 하느님의 용서를 누릴 것이라고 가정하는 것은 영적으로 뻔뻔하고 이기적인 일입니다. 다른 사람을 용서할 준비도 되어있지 않으면서 하느님으로부터 용서받기를 기대하는 것은 염치없는 행동입니다. 마태오의 복음서에 등장하는 주의 기도 뒤에 바로 이어지는 구절에서 예수께서는 이 원리를 강조하십니다.

> 너희가 남의 잘못을 용서하면 하늘에 계신 아버지께서도 너희를 용서하실 것이다. 그러나 너희가 남의 잘못을 용서하지 않으면 아버지께서도 너희의 잘못을 용서하지 않으실 것이다. (마태 6:14~15)

'무자비한 종의 비유'라고 불리는 이야기도 이와 같은 원리를 전합니다.

그 때에 베드로가 예수께 와서 "주님, 제 형제가 저에게 잘못을 저지르면 몇 번이나 용서해 주어야 합니까? 일곱 번이면 되겠습니까?" 하고 묻자 예수께서는 이렇게 대답하셨다. "일곱 번뿐 아니라 일곱 번씩 일흔 번이라도 용서하여라. 하늘나라는 이렇게 비유할 수 있다. 어떤 왕이 자기 종들과 셈을 밝히려 하였다. 셈을 시작하자 일만 달란트나 되는 돈을 빚진 사람이 왕 앞에 끌려왔다. 그에게 빚을 갚을 길이 없었으므로 왕은 '네 몸과 네 처자와 너에게 있는 것을 다 팔아서 빚을 갚아라' 하였다. 이 말을 듣고 종이 엎드려 왕에게 절하며 '조금만 참아주십시오. 곧 다 갚아드리겠습니다' 하고 애걸하였다. 왕은 그를 가엾게 여겨 빚을 탕감해 주고 놓아 보냈다. 그런데 그 종은 나가서 자기에게 백 데나리온밖에 안 되는 빚을 진 동료를 만나자 달려들어 멱살을 잡으며 '내 빚을 갚아라' 하고 호통을 쳤다. 그 동료는 엎드려 '꼭 갚을 터이니 조금만 참아주게' 하고 애원하였다. 그러나 그는 들어주기는커녕 오히려 그 동료를 끌고 가서 빚진 돈을 다 갚을 때까지 감옥에 가두어두었다. 다른 종들이 이 광경을 보고 매우 분개하여 왕에게 가서 이 일을 낱낱이 일러바쳤다. 그러자 왕은 그 종을 불러들여 '이 몹쓸 종아, 네가 애걸하기에 나는 그 많은 빚을 탕감해 주지 않았느냐? 그렇다면 내가 너에게 자비를 베푼 것처럼 너도 네 동료에게 자비를 베풀었어야 할 것이 아니냐?' 하며 몹시 노하여 그 빚을 다 갚을 때까지 그를 형리에게 넘겼다. 너희가 진심으로 형제들을 서로 용서하지 않으면 하늘에 계신 내 아버지께서도 너희에게 이와 같이 하실 것이다." (마태 18:21~35)

예수께서는 분에 넘치는 용서의 선물을 받아 많은 이득을 취한 사람이 용서를 절실히 필요로 하는 다른 이에게 자비 베풀기를 거절하는 것이 얼마나 모순적인지 지적하셨습니다.

긍정적으로 말하자면, 신약성서는 하느님 나라 백성을 용서로 대표되는 삶의 방식을 실천하고, 자신이 받은 용서를 다른 이에게도 전하는 사람들로 묘사합니다. 따라서 우리는 이 청원이 말하는 바를 이렇게 이해할 수 있습니다.

하늘에 계신 우리 아버지
당신의 그 아낌없는 사랑으로
우리 죄를 용서하소서.
우리는 하루하루의 삶에서
다른 이에게 용서를 보여주고,
당신에게서 받은 것을 전합니다.

우리를 시험에 들지 않게 하시고

이 청원은 오해하기 쉽습니다. 예수의 제자로 산다는 것은 쉬운 일이 아닙니다. 무엇보다도 하느님의 이름과 나라, 뜻에 관심하는 일, 즉 하느님을 중심에 두는 삶의 방식을 추구하는 일은 매우 급진적입니다. 죄악이 가득한 세상의 방식을 거스르는 것이기에 어렵고 위험합니다. 말과 행실로 예수 그리스도와 그의 나라를 증언한다면 비싼 대가를 치르게 될 것입니다. 우리는 세상으로부터 배척받을 것이라는 내용이 신약성서에 얼마나 두루 퍼져있는지 잘 알아채지 못하지만, 이는 신약성서의 핵심 주제입니다. 예를 들어, 예수께서는 산상설교에서 제자들이 박해받고 모욕을 당하며 거짓 혐의로 고소당할 것이라고 말씀하십니다.

> 옳은 일을 하다가 박해를 받는 사람은 행복하다. 하늘나라가 그들의 것이다. 나 때문에 모욕을 당하고 박해를 받으며 터무니없는 말로 갖은 비난을 다 받게 되면 너희는 행복하다.
>
> (마태 5:10~11)

반대와 어려움이 존재한다는 사실은 예수 그리스도가 선포한 하느님 나라를 따르려는 사람들이 하느님에 대한 뿌리 깊은 믿음을 훈련해야 한다는 것을 의미합니다. 때때로 그들의 확신과 신실함은 시험받을 것입니다. 베드로가 세 번이나 예수 그리스도와 자신과의 관계를 부인했듯이, 그리스도의 제자들은 영적 고난과 적대자들의 압박에 굴복하거나 자신이 처한 상황을 탓하며 신앙을 포기하고 심지어 부인할 수도 있습니다.

주의 기도 본문에서 '시험'을 뜻하는 헬라어 단어는 '페이라스모스'$_{πειρασμός}$입니다.[4] 이를 '유혹'temptation이라고 번역하면 오해가 생길 여지가 있습니다. 현대 문화에서 '유혹'은 간통이나 절도와 같은 육체적이고 감각적인 위법행위를 연상시키기 때문입니다. 이 말은 마치 당신이 체중을 감량하려고 할 때 열량 높은 후식의 '유혹'에 저항하는 것 정도로 하찮게 여겨질지도 모릅니다. 이러한 이유로 오늘날의 성서들은 '유혹' 대신에 '시험'testing이나 '시련'trials을 번역어로 선택했습니다. 어떤 교회 공동체는 주의 기도를 함께 드리며 '시련의 시간으로부터 우리를 구하소서'라고 기도하기를 선호합니다. '페이라스모스'는 예수께서 광야에서 겪었던 사탄의 시험 또는 유혹을 표현하기 위해 마태오의 복음서 4장 1~11절에서

---

4 마태 6:13, 루가 11:4 참조

사용된 단어이기도 합니다. 그 장면에서 예수께 주어진 신적 사명에 대한 헌신은 심각한 위험에 처합니다. 악마는 예수, 즉 하느님께 의지하고, 하느님의 아들로서의 고유한 소명을 완성하는 삶을 살아내 아버지께 순종하려는 이의 마음을 흔들어 결단을 포기하도록 시험합니다. 그러나 예수께서는 확고하십니다. 그분은 하느님께 충성하여 '시험'을 신실하게 견딘 것이지, 정신적 압박에 굴복한다는 의미에서 '유혹'에 빠진 것은 아닙니다. 하느님은 시험하는 분이 아니시며 누구도 죄에 빠트리지 않으십니다.[5] 그러나 하느님의 적대자들은 하느님의 백성들의 굳건함을 적극적으로 시험합니다.[6]

이 청원은 우리가 신앙에 적대적인 세력에 의해 시험당하고 시련받을 때 굴복하지 않기를 간구합니다. "우리를 시험에 들지 않게 하시고"라는 요청은 필연적으로 우리가 맞이할 시험 한복판에서도 자신의 백성이 신앙을 잃지 않도록 피할 길을 마련하시는 하느님에 대한 신뢰를 보여줍니다.

---

[5] "시험을 당할 때에, 아무도 '내가 하느님께 시험을 당하고 있다' 하고 말하지 마십시오. 하느님께서는 악에게 시험을 받지도 않으시고, 또 시험하지도 않으십니다. 사람이 시험을 당하는 것은 각각 자기의 욕심에 이끌려서, 꾐에 빠지기 때문입니다." (야고 1:13-14)

[6] "그러므로 내가 참다 못하여, 여러분의 믿음을 알아 보려고, 그를 보냈습니다. 그것은, 유혹하는 자가 여러분을 유혹하여 우리의 수고를 헛되게 하지 못하게 하려는 것이었습니다." (1데살 3:5)

여러분이 겪은 시련은 모두 인간이 능히 감당해 낼 수 있는 시련들이었습니다. 하느님은 신의가 있는 분이십니다. 하느님께서는 여러분에게 힘에 겨운 시련을 겪게 하지는 않으십니다. 시련을 주시더라도 그것을 극복하고 벗어날 수 있는 길을 마련해 주실 것입니다. (1고린 10:13)

그러나 여기에서 거짓된 용기를 드러내거나 거짓된 안전을 보장한다는 어떠한 암시도 찾을 수 없습니다. 이 청원은 "영웅적인 면모라고는 찾을 수 없는 기도"입니다.[7] 이 간구는 우리의 연약함과 영적 허약함에 근거를 두고, "하느님께 헌신하도록 우리의 연약함을 파괴할 수도 있는 시험을 면하게 해 주시기를" 간청합니다.[8] 이 청원은 적의 반대에 직면하여 하느님께 충성할 힘을 얻기를, 그것을 끝까지 지켜내기를 소망하는 기도인 것입니다.

---

7 Krister Stendahl, cited in N. Ayo, *The Lord's Prayer* (Lanham: Rowman & Littlefield Publishers, Inc., 1992) p.90.

8 J. Nolland, *Luke 9.21-18.34* (Dallas, TX: Word Books, 1993) p.611. 『누가복음 중』(솔로몬)

악에서 구하여 주십시오

이 일곱째 청원은 어려움 가운데 보호를 요청하는 이전 청원과 매우 밀접하여, 별도의 청원인지 아니면 단순히 여섯째 청원의 일부인지에 대한 논란의 여지가 있습니다. 우리는 물질적인 세계에 살기 때문에, 눈으로 볼 수 없고 과학 도구로 측정할 수도 없는 적대적인 영적 행위자들, 실체들을 성서가 밝히고 있다는 사실을 잊고는 합니다. 이 구절의 헬라어 본문은 문법적으로 모호합니다. 구절 안의 '악에서'는 '악으로부터' 혹은 '악한 자(즉 악마)로부터' 구해 달라는 것을 뜻할 수 있습니다. 타락한 세계는 죄와 죽음, 고통으로 인해 망가졌습니다. 하느님 나라의 백성은 "원수인 악마가 으르렁대는 사자처럼 먹이를 찾아"(1베드 5:8) 돌아다니기 때문에 적의 계획 아래 괴롭힘당하고 위험에 처할 수밖에 없습니다. 예수의 제자들에게 필요한 것은 영적 위험에 처했을 때 그들을 구원할 하느님의 손길입니다. 이 청원은 시편 저자들의 목소리를 반영합니다.

> 야훼여, 당신께 이 몸 피하오니 다시는 욕보는 일 없게 하소서.
> 옳게 판정하시는 하느님이여, 나를 구해 주소서.
> 귀 기울여 들어주시고, 빨리 건져주소서.

이 몸 피할 바위가 되시고 성채 되시어 나를 보호하소서.

(시편 31:1~2)

우리는 이 청원을 통해 하느님께서 '악마와 그의 모든 일'로부터 우리를 보호해 주시기를 간구합니다.

나라와 권세와 영광은 영원히 아버지의 것입니다

구약성서에 담긴 선례, 유대인의 표준적인 관례에 따라 주의 기도는 하느님을 찬양하는 것으로 끝맺습니다. 이 결론은 주의 기도가 처음부터 끝까지 얼마나 굳건하게 하느님께 중심을 두고 있는지 보여줍니다. 기도를 끝맺는 이 송영의 구절은 우리를 완전한 순환으로 이끕니다. 우리는 하느님을 '하늘에 계신 우리 아버지'라고 부르며 기도를 시작하고, 복음서에 드러난 하느님의 목적에 우리 자신을 맞추며, 하느님을 위해 살도록 우리에게 필요한 것 주시기를 간구합니다. 나라와 권세와 영광을 받으실 유일한 분은 하늘에 계신 아버지이심을 선언함으로써 이 기도를 끝맺습니다. 이는 우리가 요청했던 모든 것을 주실 수 있는 분이 하느님이라는 확실한 선언입니다. "나라와 권세와 영광은 영원히 아버지의 것입니다"For the Kingdom, the Power, and the Glory are Yours라고 말할 때 이 말이 뜻하는 바는 '나라와 권세와 영광이 당신께 속해 있음을 알기에, 이런 사실에 근거하여 우리가 확신을 가지고 이 모든 것을 요청할 수 있다'는 것입니다. 신학적으로 봤을 때, 이 구절은 우리가 간구했던 모든 청원의 근거가 됩니다. 이 송영은 예수에 의해 계시된 하느님만이, 사람들이 하느님을 위한 삶을 살기 위해 필요한 베풂, 용서, 안전, 보호를 허락할 힘을 가지고 계시다는 사실을 떠올리게 합니다. 또한 우리가 찬양으로 기도를 시작하고 마치는 것이 바람직하다는 사실을 상기시켜 줍니다. 우리 마음은 찬양으로 시작하고 끝맺는 방식을 통해 기도의 기초가 되는 찬양에 맞춰집니다. 주의 기도의 핵심은 신중하게 배열된 청원들이지만, 우리의 모든 청원은 찬양이라는 틀 안에 있습니다. 찬양은 우리가 드리는 기도가 하느님과의 대화, 상호 작용이 아닌 기계적인 거래로 왜곡되는 것을 막습니다.

아멘

우리의 대다수는 기도를 마치면서 별다른 의식 없이 '아멘'이라고 말합니다. 문장 끝에 마침표를 찍는 것이 자연스럽듯이 기도를 마칠 때 아멘이라고 말하는 것은 매우 당연해 보입니다. 우리는 아무런 고민 없이 형식적으로 그렇게 합니다. 그러나 성서의 맥락에서 '아멘'은 매우 큰 의미를 담고 있습니다. 서약이나 맹세가 정당하다고 인정될 때, 하느님의 백성이 그 서약이나 맹세를 지켜내겠다고 다짐할 때 쓰였습니다.[9]

> 이스라엘의 하느님 야훼, 옛날부터 끝날까지 찬양받으실 분이서라. 온 겨레가 "아멘!"으로 야훼를 찬양하였다.
>
> (1역대 16:36)

신약성서에서 '아멘'은 송영의 끝맺음이면서 동시에 요한의 묵시록의 마지막 단어이기도 합니다.[10]

> 이 모든 계시를 증언하시는 분이 이렇게 말씀하셨습니다. "그렇다. 내가 곧 가겠다." 아멘. 오십시오, 주 예수님! 주 예수의 은혜가 모든 사람에게 있기를 빕니다. 아멘.
>
> (묵시 22:20~21)

'아멘'은 본질적으로 확실성과 약속을 위한 단어입니다.

---

9 신명 27:15~26 참조
10 로마 1:25, 9:5, 11:36, 16:27 참조

즉 '그렇게 이뤄질 것입니다'라는 뜻입니다. 단지 관념적인 승인, 흐릿한 동의를 넘어서서 기도의 내용이 제자들의 삶의 목적과 초점이 되리라는 다짐을 표현합니다. 주의 기도에서 '아멘'이라고 말하는 것은 마치 여러분이 편지 끝에다가 서명을 하는 것처럼 개인적으로 서약하는 일입니다. 여러분이 '아멘'이라고 말할 때, 여러분은 하느님의 이름과 나라, 뜻을 가장 우선하는 자리에 두고 하느님의 백성으로 산다는 것이 어떤 책임과 어려움을 불러오는지를 잘 알고 있으며, 그것을 마땅히 받아들이겠다고 표현하는 것입니다. 예수를 따르는 자들을 특징짓는 적극적인 순종의 자세를 우리는 '아멘', 이 한 단어에 담아냅니다.

정리

신중하게 짜인 이 일련의 청원들은 우리의 욕망을 다시 설정합니다. 주의 기도는 하느님께서 가치 있다고 여기시는 것을 우리 또한 가치 있게 여기도록 훈련시킵니다. 이 기도는 우리의 마음을 하느님의 목적에 맞춤으로써, 우리가 진정 필요로 하는 모든 것을 하느님께 깊이 의존하고 있다는 표시입니다. 우리는 너무나도 자주 우리가 원하는 방식대로 삶이 변하기를 하느님께 청합니다. 이렇게 왜곡된 기도는 가능하다면 편안하고 안락하게 우리의 바람이 성취되기를 원한다는 것을 뜻합니다. 주의 기도는 너무나 인간적인 우리의 성향을 치료하려고 예수께서 제시하신 처방입니다. 우리는 하느님의 이름과 나라, 뜻을 가장 우선적인 소망으로 삼고 그것을 위해 살겠다고 서약했기 때문에, 우리 삶의 모든 방면에서 하느님의 영광을 위해 사는 데 필요한 베풂, 용서, 안전, 보호를 하느님께 간구합니다. 우리가 이렇게 대담한 요구를 할 수 있는 이유는 하느님만이 선하시며 신뢰할 수 있고, 모든 면에서 우리가 필요로 하는 것들을 충분히 주실 수 있는 분이시라는 사실을 알기 때문입니다. 우리는 이 신뢰에 터해 용감하게, 그리고 진심을 담아 주의 기도를 드립니다.

> **제안**
> - 예수의 삶을 묵상하십시오. 그분은 굶주린 이들을 먹이시고, 죄 없이 사셨으며, 십자가에 달려서도 자신의 원수를 용서하셨고, 악마의 계략에 신실하게 저항하셨으며, 자신의 죽음과 부활을 통해 악을 정복하셨습니다.

- 세계의 빈곤 문제를 생각하면서 하느님께서 가난한 이들을 지켜주시기를 원하는 마음으로 "오늘 우리에게 필요한 양식을 내려 주십시오"라고 기도하십시오. 신앙으로 인해 고통받는 전 세계의 그리스도인 형제자매를 위해 기도하십시오. 하느님께서 적대자의 면전에서 그들을 지키시고, 악한 자들로부터 보호하시기를 간청하십시오.
- 당신이 정부의 정치나 정책에 실망할 때마다 송영으로 기도하십시오. "나라와 권세와 영광은 영원히 아버지의 것입니다."

토의를 위한 질문
- '우리-청원'은 삶의 우선순위에 어떻게 도전하며, 당신의 가장 깊은 욕망을 어떻게 다시 빚어냅니까?
- 우리가 필요한 양식을 위해 기도할 때, 어떻게 하면 참된 욕구와 불필요한 바람을 구분할 수 있겠습니까?
- 죄를 용서해달라는 청원이 당혹스럽거나 자신을 향한 공격으로 느껴집니까?
- 예수 그리스도의 제자로서 어떤 종류의 시련이나 시험에 직면해 있습니까?
- 하느님께서 언제 당신을 악한 자와 그의 계략에서 구해주셨습니까?

> "우리를 시험에 빠지지 않게 하소서!
> 악에서 구하소서!"
>
> 이 기도는 하느님 나라를 구하는 기도의 일부입니다.
> 파괴하고 비인간화하며 창조세계를 거스르는 세력이
> 결박되고 재갈 물려지기를,
> 하느님의 선한 세상이
> 이들의 늪에서 벗어나기를 구하는 기도입니다.
> 하느님의 귀하고 위태로운 세상을 직시하고,
> 도와 달라는, 구해 달라는, 꺼내 달라는,
> 그 말로 표현할 수 없는 외침을 모아
> 이 기도를 드리는 것이 우리의 책임입니다.
> 우리를 전쟁의 공포에서 구하소서!
> 우리를 인간의 어리석음과
> 거기에서 비롯되는 끔찍한 사고에서 구하소서!
> 우리로 하여금 이 곳이 부자의 요새와
> 가난한 자의 판자촌이 공존하는 사회가 되지 않게 하소서!
> 사회적 폭력과 독선에 휩싸이지 않게 하소서!
> 우리를 오만과 교만에서,
> 그것이 사람들에게 자행하는 끔찍한 일에서 구하소서!
> 우리를, 우리 자신에게서 구하소서! …
> 그리고 우리를 악한 자에게서 구하소서.
>
> 톰 라이트, 『주기도와 하나님 나라』 中

| 함께 읽어볼 만한 책 |

1. 《가장 위험한 기도, 주기도》, 김영봉 지음, IVP, 2013

주의 기도를 제대로 드린다면, 우리 삶은 더 이상 전과 같을 수 없습니다. 그 변화가 우리의 옛 사람에게는 크나큰 위험이고 위협입니다. 옛 사람이 죽어야 하기 때문입니다. 하지만 그렇기 때문에 주의 기도는 또한 가장 위대한 기도입니다. 우리 삶에 진정한 소망을 이끌어 오기 때문입니다.

협성대학교에서 신약학을 가르치고 와싱톤한인교회에서 사목한 김영봉 목사의 주의 기도에 관한 저작으로 2012년에 설교한 내용을 다듬고 보완한 것이다. 『사귐의 기도』(IVP, 2012)에서 기도를 "하느님과의 사귐"으로 정의했던 저자는 주의 기도를 위험한 기도로 규정한다. 이 기도는 우리가 가진 하느님 상像(우리가 가장 중시하는 가치)에 변화를 요구하며 이에 따라 삶 또한 바꿀 것을 요청하기 때문이다. 또한 주의 기도를 따라 사는 삶은 우리의 욕망을 충족하는 것을 최우선의 가치로 여기는 이 세상을 거스르는 삶이기도 하다. 내면과 외면 모두의 철저한 전환을 요구한다는 점에서 주의 기도는 위험하다.

총 4부로 구성되어 있으며 1부에서는 '하늘에 계신 우리 아버지'라는 부름의 의미, 2부에서는 이 땅에서 이루어질 하느님의 통치, 3부에서는 우리 자신을 위한 간구의 의미, 4부에서는 주의 기도에 응답하는 송영에 대해 다룬다.

저자는 우리가 "하늘에 계신"이라는 말로 주의 기도를 시작할 때 그 기도의 대상이 누구인지를 분명히 식별해야 한다고 말한다. 주의 기도의 대상인 "하늘에 계신" 하느님은 하늘에 계시기에 이 땅에 있는 우리의 시선에 다 잡히지 않는, 경외를 불러일으키는 신비이다. 이 땅에 있는 우리는 우리를 편하게 만들어주고 안정감 있게 해주는 이 세상의 우상을 붙들고 그 우상을 향해 기도하려 한다. 이런 우리를 향해 주의 기도는 하느님께서 하늘에 계신다고 말함으로써 하느님이 우리의 욕망과 바람과 생각에 좌지우지되지 않는 분이심을 일깨운다. 그리고 바로 저 "하늘에 계신 하느님"을 향해 기도의 방향을 바꿀 때 우리의 기도는 본래 자리를 찾는다. 물론 이 하느님은 "저 하늘에 계신" 분임과 동시에 "아빠", "아버지"라 부를 수 있을 만큼 우리와 인격적인 관계를 맺고 계신 분이다. 저자는 주의 기도를 통해 이 낯설고도 친밀한 분과 관계를 깊게 맺을 수 있다고 힘주어 말한다.

2부에서 저자는 주의 기도가 누구를 위한 기도인지, 신앙의 목적이 무엇인지 묻는다. 많은 사람은 흔히 신앙이 우리의 구원을 위한 것이라고 말하지만, 지은이는 신앙이, 그리고 주의 기도가 하느님을 위한 것이라고 말한다. 전능하신 하느님을 마땅히 거룩하게 여기고, 그분의 통치가 이 땅 위에 펼쳐질 것을 바라고, 하느님의 손길에 우리 자신을 내어드리는 일이 바로 신앙의 참된 의미이자 주의 기도의 궁극적인 목적이다.

같은 맥락에서 저자는 간구를 재정의한다. 신앙이 우리의 구원을 이루기 위해서가 아니라 그분의 뜻을 헤아리기 위해서이듯, 간구는 하느님을 향해 무언가 요구하는 것이 아니라 "그분의 주권을 인정하는 행동이며 그분의 다스리심에 우리를 맡기는" 것이다. 일용할 양식과 죄의 용서를 구하고 이 세상에 만연한 악이 있음을 고백하며 우리는 그분의 뜻이 이 세상에서 이루어지기를, 우리가 그 뜻을 이곳에서 담아내는 참된 하느님의 자녀이자 그리스도의 제자가 되기를 소망한다. 그렇기에 이 모든 구절에 "아멘"으로 응답하는 것은 주의 기도를 통해 마주하게 되는 두 겹의 위험, 즉 나 자신과 세상을 바라보는 시선을 철저하게 바꾸고 그 변화에 따라 맞이할지 모를 위협을 감수하겠다는 것을 뜻한다.

> 기도 안에 그 사람이 담겨 있습니다. 기도하는 사람의 마음에 있는 것이 기도에 담기기 때문입니다. 무엇을 고민하고, 무엇을 목표로 살며, 무엇을 귀하게 여기는지를 알 수 있습니다. … 주의 기도에는 우리 주님 예수 그리스도의 마음이 담겨 있습니다. 그 안에는 또한 당신을 믿는 사람들의 마음에 담기기를 바라시는 것들이 담겨 있습니다. 예수님이 가르치시려는 모든 말씀이 이 기도문 안에 수정처럼 농축되어 있습니다.

각 장 끝에는 내용을 묶어내는 짧은 기도, 그리고 묵상과 토의를 위한 질문이 담겨 있다. 또한 머리말에서 더 깊이 연구하기 원하는 독자를 위한 참고 도서를 제시하기도 했다. 복음서를 연구한 학자의 통찰과 신자들을 양육하는 목회자의 노력이 함께 담겨 있는 산물이자 주의 기도에 관한 친절한 안내서다. 그가 원문의 어순을 고려해 새로이 번역한 주의 기도를 음미해보는 것도 또 하나의 묵상이 될 수 있다.

> 아버지,
> 하늘에 계신 우리 아버지,
> 거룩히 여겨지소서, 당신의 이름이.
> 임하소서, 당신의 나라가.
> 이루어지소서, 당신의 뜻이.
> 하늘에서와같이 땅에서도.
> 양식을, 우리가 하루 먹을 양식을
> 오늘 우리에게 주소서.
> 용서하소서, 우리의 빚을.
> 우리가 우리에게 빚진 사람들을 용서하듯이.
> 마소서, 우리가 시험에 들게 하지.
> 구하소서. 우리를 악한 자에게서,
> 당신에게 있습니다.
> 나라와 권능과 영광이
> 영원토록.
> 아멘.

2. 《오래된 새 길》, 김기석 지음, 포이에마, 2012

> 예수를 길이라 고백하는 이들은 그 길을 자기 길로 삼은 사람들이다. 그 길은 외길이 아니다. 사방으로 열려 있다. 각자에게 주어진 삶의 자리에 따라 그 길은 각기 다른 모양으로 나타나기 때문이다. 하지만 그 길의 중심에는 언제나 예수가 있어야 한다. 가볍게 떨리면서도 항상 북쪽을 가리키는 나침반처럼 우리에게 예수라는 중심을 가리켜 보이는 가르침이 있으면 좋겠다. … 예수 정신의 핵심이 담겨 있는 주의 기도 … 그것은 적어도 우리를 바른 길로 인도하는 이정표가 되기에 충분하다.

청파교회에서 사목하고 있으며 문학평론가이기도 한 김기석 목사의 저작. 그리스도인의 신앙의 여정에서 나침반이 되는 십계명, 주의 기도, 사도신경을 설명하고 있다.

저자가 '나침반', '길'이라는 은유를 중시하는 이유는 삶의 특성 때문이다. 그에게 있어 신앙의 삶이란 확신으로 덮인 채 한 곳에 고정되는 것이 아니다. 예수는 그러한 삶을 뒤 흔들어 우리를 새로운 세계로 초대하고 우리는 흔들리며 그 세계로 나아간다. 초대는 사람마다 다르나 나아가야 할 방향은 다르지 않다. 또한 신앙의 길을 걸을 때 시시각각 찾아오는 회의와 갈등이 있음을 저자는 간과하지 않는다. 하지만 여정을 걷는 이들이 길을 잃다가도, 혹은 잠시 멈추었다가도 나침반에 의지해 여정을 이어나가듯 우리는 주의 기도라는 나침반에 기대어 신앙의 여정을 이어간다.

> 우리는 하루에도 몇 번씩 갈마드는 미움과 사랑, 원망과 감사, 비애와 기쁨, 절망과 희망 사이에서 널뛰듯 살아간다. 그러나 그 모든 삶의 계기들은 성도가 되려는 이들의 기도의 양식이 된다. 미움과 원망과 비애와 절망을 가슴에 품어 그것을 사랑으로 감사로 기쁨으로 희망으로 바꾸어 하느님 앞에 바치는 것, 그것이 성도의 삶이다. 그것은 결코 쉬운 길이 아니다. 하지만 그것은 가야만 할 길이다. 우리는 그 길로 부름받은 존재이기 때문이다. 마음속에 결코 용납할 수 없는 사람들, 혹은 납득할 수도 이해할 수도 없는 일들 앞에서 우리는 기도한다. "주여 우리에게도 기도를 가르쳐주소서."

저자는 주의 기도가 등장하기 전에 "주여 우리에게도 기도를 가르쳐주소서"라는 구절이 나옴을 알림으로써 이 기도가 난데없이 등장한 원칙이나 규범이 아니라 '상호소통행위'의 산물임을 강조한다. 주의 기도는 무엇인가 결여되어 있음을 감지하나 무엇이 정말 결여되어 있는지를 알지 못하는 우리의 탄식에 "하늘의 소리"가 응답한 것이다. 그리고 이 응답, 피아노로 치면 "기본음"에 해당하는 이 기도에 기대어 우리는 우리 자신의 목소리를 조율해나간다. 그렇기에 주의 기도를 익히는 것은 자기 자신에 대한 부정임과 동시에 새로운 삶을 시작하는 것을 뜻한다.

주님이 가르쳐주신 기도는 우리의 옛 삶에 대한 부정인 동시에 새 삶의 출발점이다. 우리가 진심으로 이 기도를 드리면, '아멘' 이전의 삶과 이후의 삶은 같을 수 없다. 믿음으로 맑아진 영혼은 세상을 꿰뚫어 보는 안광으로 빛나고, 세상을 이길 힘으로 넉넉해지지 않겠는가? 주님이 가르쳐주신 기도는 그리스도인들이 각종 모임을 마칠 때 사용하는 편리한 종결어미가 아니라, 그리스도교 신앙의 토대요 지향점이다. 몸과 마음과 뜻과 정성을 다해 주님의 기도를 드리고 나면 우리는 변화된 존재가 될 것이다. 시내산을 내려온 모세의 몸이 밝게 빛난 것처럼 말이다.

곳곳에 자전적인 이야기와 다채로운 문학작품을 인용해 읽는 맛이 남다르다. 이 책에서 중간중간 인용하는 작품들을 직접 찾아 읽으면서 연장된 독서를 해 간다면 한결 더 풍요로운 읽기가 가능할 것이다.

3. 《주기도문과 제자의 길》, 서중석 지음, 이레서원, 2008

> 주의 기도는 하느님에 관한 세 탄원과 인간에 관한 현실적인 세 탄원으로 구성되어 있다. 처음의 세 하느님 탄원의 배후에는, 그러한 탄원들을 자아내지 않을 수 없었던 절박한 인간적인 현실이 생생하게 부각되어 있고, 나중의 세 인간적 탄원의 배후에는 그 절박한 현실에 대한 하느님의 개입이 부각된다. 결국 여섯 개의 탄원 모두가 힘겨운 인간적인 현실을 반영하고 있고, 동시에 여섯 개의 탄원 모두가 다 그 현실에 개입하는 하느님을 강조하고 있다. 주의 기도는 가혹한 인간의 현실로 인한 절망의 심연에서 어쩔 수 없이 하느님께 부르짖을 수밖에 없었던 외침들을 압축해 놓았다. 그 기도는 시련을 당하고 있는 추종자들로 하여금 땅의 절박감 때문에 하늘을 쳐다보지 않을 수 없게 하고, 동시에 하늘의 힘으로 땅의 시련을 감내해 나가도록 해준다.

연세대학교에서 신약학을 가르쳤던 서중석의 저작. 이른바 사회학적 방법론에 입각한 신약성서 연구로 정평이 나 있는 저자는 이 주의 기도 해설서에서도 사회학적 방법론이 강조하는 사회, 역사적 상황을 숙고하여 주의 기도를 드렸던 공동체, 그들이 처했던 상황, 그 공동체에 응답하신 하느님이라는 맥락에서 주의 기도를 해석한다. 그에 따르면 주의 기도는 개인이 드리는 기도가 아니라 "공동체의 정체성을 강화시켜 주고 내적 결속력을 다져 주는 주요 수단"이며, 공동체의 "삶의 질을 통제"하는 도구이다.

총 8장으로 이루어져 있으며, 성서 헬라어 원문 구절을 분석하고, 이에 대한 대표적인 해석들을 소개한 뒤, 자신의 견해를 밝힌다. 그리고 이를 통해 밝혀진 구절의 신약학적 의미는 오늘날 그리스도인들의 삶에 어떤 의미를 가지며 어떠한 도움을 주는지를 이야기한다. 사회적 정황, 공동체라는 맥락을 중시하는 이답게 그는 마태오의 복음서와 루가의 복음서에 나오는 주의 기도의 차이를 통해 마태오 공동체와 루가 공동체라는 두 공동체의 차이를 짚어낸다.

두 본문의 저자 모두 주의 기도를 "공동체의 결속"을 바라며 제시하지만 그 방식은 달랐다. 두 공동체의 정황이 다르기 때문이다. 마태오의 복음서는 공동체에 속한 이들 중 위선적인 태도를 보이는 이들을 훈계하는 용도로 이 기도를 활용했으나 루가의 복음서는 모든 구성원을 아우르고, 구성원들이 따라야 할 신앙의 기준으로서 이 기도를 제시했다.

> 주의 기도가 그리스도교 공동체가 예배드리는 정황에서 사용될 때, 그 기도는 무엇보다도 그 공동체 구성원들의 세계관을 새롭게 구성하고 그것을 확고히 다져나가는 데 기여하게 된다. 그 기도를 암송할 때마다 그리스도인들은 발은 땅을 딛고 있으나, 머리는 하늘을 쳐다보면서 살아야 한다는 공동의 삶의 방식을 다시 확인하고 그것을 더욱 강화해 나가게 된다.

주의 기도를 읽을 때 성서 연구 방법론, 그중에서도 사회학적 읽기가 어떻게 독해를 풍요롭게 해 줄 수 있는지 보여 주는 책이다. 입문 독서에서 좀 더 심화된 독서로 나아가는 데 도움을 주는 디딤돌과 같은 책이다.

4. 《가장 위대한 기도》, 존 도미닉 크로산 지음, 김준우 옮김, 한국기독교연구소, 2011

이 책 전체를 통해 예수의 '아빠 기도'에 대해 묵상하는 동안 다섯 개의 서로 연결된 주제들이 함께 뒤섞이고 있다. 첫째 주제는 "아버지"라는 가부장적인 용어를 "집주인"이라는 보다 적절한 용어로 번역하는 것에서 시작한다. … 둘째 주제는 창세기 1:26~27에 나오는 창조의 새벽에, 하느님이신 집주인이 그 하느님의 성격의 "형상"으로 인간을 창조하셨다는 점이다. … 셋째 주제는 그리스도인들에게 예수는, 세상의 집주인이신 하느님 "아버지"의 "아들"이라는 점이다. … 넷째 주제는 그리스도인들이 하느님의 상속자인 그리스도와 협력하도록 부름받았다는 점이다. … 마지막 주제는 이 모든 것이 어떻게 예수의 '아빠 기도' 속에 포함되는가 하는 점이다. 그것은 단지 그리스도교를 위해서만이 아니라 세상을 위한 혁명적인 선언이며 동시에 희망의 찬가이다. 보다 정확하게 말하자면, '아빠 기도'는 그리스도교가 온 세상을 향해 드리는 기도이다. 이 기도는 유대교의 심장에서 비롯되어 그리스도교의 입을 통해 세상의 양심을 향해 드리는 기도이다.

드폴대학교 명예교수이자 역사적 예수 분야에서 권위 있는 학자로 평가받는 존 도미닉 크로산John Dominic Crossan의 저작. 저자는 주의 기도를 "유대교의 중심"에서 출발했고, "그리스도인들의 입을 통해" 드려졌지만 유대교와 그리스도교라는 종교를 넘어선 "모든 인류를 위한 급진적 선언"이자 "희망의 찬가"라고 말한다.

> 이 책 제목을 "가장 위대한 기도"라고 붙이게 된 이유에 대해 한마디 하겠다. '주의 기도'는 무엇보다 그리스도교 자체 안에서 사용되는 기도로 의도된 것이다. … 그러나 나는 이 책 제목을 통해 그리스도교 이외의 다른 종교들에게 도전하려는 의도로 제목을 그렇게 붙였다. 나는 그리스도교의 가장 위대한 기도가 다른 종교들에게도 가장 위대한 기도여야 한다는 오만함을 절대로 갖고 있지 않다. 그러나 나는 모든 종교인에게 묻고 싶다. 당신의 종교가 가진 위대한 기도는 오직 당신 종교의 신자들에게만 말하는가? 아니면 그 위대한 기도는 전체 세계의 양심에다 대고 말하는가? 나는 모든 종교의 가장 위대한 기도는 온 세상과 온 지구를 향해 말해야만 한다고 생각한다.

총 8장으로 구성되어 있으며, 『주기도문과 제자의 길』과 마찬가지로 주의 기도 각 구절의 형식과 내용을 분석했다. 크로산은 주의 기도를 구성하는 외적 요소, 즉 예수 당시의 사회·정치·경제·종교 상황을 치밀하게 분석하면서도, 각 구절의 내적 요소(문체의 특징, 각 단어의 함의, 문학적 구조)에도 주의를 기울인다. 이러한 종합적인 분석을 통해 그는 주의 기도가 신약성서 전체의 근간을 이루고 있음을 입증한다.

특히 주목할 부분은 "정의"에 대한 예수의 새로운 이해다. 통념상 "정의"는 누군가 저지른 잘못을 조정하는 것이나 예수가 주의 기도를 통해 이야기한 정의는 공평한 분배가 이루어지는 상태에 가깝다. 시편과 예언서에도 나타난 이러한 정의는 주의 기도에서 정점을 이루며 사도 바울로가 쓴 편지들에까지 이어진다.

주의 기도에 대한 다양한 접근을 소개하고 있기 때문에 이해가 쉬운 책은 아니다. 하지만 그만큼이나 주의 기도를 전체적으로 조망할 수 있다는 점에서 이 기도에 대한 보다 심도 있는 이해를 추구하는 독자들에게 커다란 도움을 줄 수 있는 저작이다. 이 저작을 읽고 크로산에게 관심을 갖게 된 이들은 『예수: 사회적 혁명가의 전기』, 『첫 번째 바울의 복음』, 『성경을 어떻게 읽어야 참 그리스도인이 되는가』(이상

한국기독교연구소)를 살펴보기 바란다.

5. 《주의 기도》, 레오나르도 보프 지음, 이정희 옮김, 다산글방, 2000

> 읽는다는 것은 다시 읽음re-read을 의미한다. 이보다 더 자연스러운 것은 없다. 과거로부터 어떤 의미를 찾아내려면 우리는 그것을 생생하게 현재화해야 한다. … 우리는 우리 자신의 주석이 갖는 목표와 한계성, 즉 억압과 총체적 해방에의 갈망으로 특징지어지는 우리 시대의 상황 가운데서 진행됨으로 해서 생기는 목표와 한계성들을 받아들이게 된다. 주의 기도를 암송하는 것은 예수의 시대에 대한 말을 일깨우는 것이고, 우리 자신의 현실을 상기하는 것을 의미한다. 한 걸음 더 나아가 놀랍게도 우리는 주의 기도 속에서 우리 자신이 예수 그리스도의 이웃이며 그와 동시대인이 됨을 발견하게 된다.

리우데자네이루대학교에서 종교 윤리와 철학 명예교수이자 라틴아메리카 해방신학의 대표적인 학자로 평가받는 레오나르도 보프Leonardo Boff의 저작. 저자에게 주의 기도는 "하느님과 인간, 하늘과 땅, 종교적인 것과 정치적인 것의 올바른 관계"를 맺도록 하는 기도이며 예수가 전한 메시지의 정수를 담고 있어 어떤 교리를 넘어 기도하는 모든 그리스도인의 삶에 변화를 불러일으킨다. 저자는 이러한 기도가 성서라는 맥락에서 어떻게 해석될 수 있는지, 그리스도교 전통에서는 어떻게 해왔는지, 오늘날이라는 맥락에서는 어떻게 읽혀야 하는지를 대답하기 위해 주의 기도를 "다시 읽는" 작업을 시도한다.

총 11장으로 구성되어 있으며, 그리스도교의 근간을 이루는 성육신에 대해 설명한 뒤 주의 기도가 이 성육신의 원리를 충실하게 구현해내는 것으로 파악한다. 그다음 각 구절을 해설하며 성서 원문의 의미, 전통의 해석을 소개하고 오늘날 신앙인들의 맥락에서 어떻게 이해해야 할지를 말한다.

저자가 무엇보다 중시하는 것은 성육신이다. 당시 헬라적 사고를 하는 이들은 세상을 '초월과 내재', 차원이 다른 두 가지 범주를 통해 인식해왔다. 그러나 그리스도인들은 '내재 속에 초월이 현존'하는 예수의 경험을 통해 "새로운 실체의 출현"을 알아차렸다. "하느님은 인간의 현실로 침투하고 인간은 하느님의 현실 속으로 들어간다." 하느님의 아들이 모든 창조 세계의 해방을 위해 성육신하셨듯, 그리스도교는 모든 피조물을 변화시키기 위해 온 세계, 모든 만물을 향한 성육신을 추구한다. 그리스도교는 바로 이 원리에 의해 지탱되고 있으며 그리스도인들은 이 원리를 온전히 구현해 낸 주의 기도를 끊임없이 되뇜으로써 마찬가지로 스스로 성육신을 따를 것을 결단한다. 성서, 전통, 그리고 오늘날이라는 맥락을 섣불리 섞지 않도록 경고하면서도 그는 하느님의 아들이 인간과 만물을 해방하기 위해 모든 짐을 지셨듯 그리스도교 신앙은 스스로 온 피조세계를 변화시키는 하느님의 활동에 동참해야 한다고 역설한다.

> 그리스도교는 하느님의 성육신(화육) 과정의 연장 선상에서 이해될 수 있다. 하느님의 아들이 인간과 만물을 해방시키기 위해 스스로 모든 짐을 졌듯이 그리스도교 신앙은 온 피조 세계를 변화시키기 위해 모든 것 속에 성육신하는 일을 추구해야 한다. 바로 이러한 의미에서 우리는 다음과 같이 말한다. "만물은 객관적으로 하느님과 연루되어 있고, 하느님 나라의 현실에 속하도록 부름받고 있기 때문에 그것들은 어떤 방식으로든 하느님 나라에 속해 있다." 그러므로 그리스도교 신앙은 영적·초자연적인 실재들에만 관심을 갖는 것이 아니다. 그것은 또한 물질적이고 역사적인 현실들에도 가치를 부여한다. 이 모든 것들이 성육신이라는 하나의

동일한 도식에 관계되는데, 이 성육신을 통해서 신은 인간의 현실로 침투하고 인간은 신의 현실 속으로 들어간다.

존 도미닉 크로산의 저작이 현대 신약학에 바탕을 두고 종합적인 분석을 한다면 보프의 저작은 성육신이라는 그리스도교의 핵심 원리 아래 신약학, 조직신학적 접근을 아우르는 분석을 행한다는 점에서 돋보인다. 또한 단순히 주의 기도의 과거 의미가 어떠했는지를 살피지 않고 전통을 고려하며 불평등을 초래하고 개인적·집단적 억압을 만들어내는 '지금, 여기'라는 맥락에서 주의 기도가 어떻게 여전히 유효할 수 있는지를 설득력 있게 묘사한다는 점에서 각별한 의미가 있는 책이다. 레오나르도 보프에 관심을 갖게 된 이들이라면 『해방하는 복음』(분도출판사), 『오소서 성령이여』(한국기독교연구소)를 추가로 살피기를 바란다.

6. 《세상을 부둥켜안은 기도》, 헬무트 틸리케 지음, 박규태 옮김, 홍성사, 2008

주의 기도는 진실로 세계를 부둥켜안은 기도입니다. 세상에는 소소한 일상의 일이 있는가 하면 '세계사의 시각에서 바라봐야 할 문제'도 있습니다. 행운의 시간이 있는가 하면 끝 모를 처절한 고통의 시간도 있습니다. … 온 세상이 주님의 손안에 들어 있습니다. 그리고 우리가 기도하면서 그 세상을 하느님께 들어 올릴 때, 세상은 우리 손안에도 들어 있습니다. 바로 그 기도로 이 세상을 새롭게 보게 되는 것, 그보다 더 위대한 일이 있을까요?

조직신학자이자 루터교 목사인 헬무트 틸리케Helmut Thielicke가 주의 기도를 두고 행한 설교집. 총 11장으로 주의 기도를 11개의 구절로 나누어 설교하고 있으며 각 구절이 갖는 의미를 깊이 살핀다.

헬무트 틸리케가 이 설교를 하던 때는 히틀러의 독재 정치가 종언을 고하고 독일이 패전의 길에 들어서던 1944~45년 사이였다. 그는 이 전쟁의 시기에서 자신의 위치를 찾지 못한 인간, 그 인간의 절망과 불안을 엿본다.

(우리는) 기도를 그만두고 어둠 속에 있는 어린아이처럼 차라리 … 자신과 이야기하는 것을 더 좋아합니다. 이 어린아이는 어둠을 무서워하면서도 이 무서움을 시인하려 하지 않습니다.

인간은 한편으로는 절망과 불안에 휩싸여 거기서 끊임없이 좌절하면서도 동시에 이를 벗어나기보다는 그 안에 머무르기를 택한다. 그런 인간들에 의해 구축된 세상은 "인자함이 사라지고 핍박과 고독과 불안만이 존재하는 세상"이며 "폭력이 난무하는 세력 대결의 장"이기도 하다. 하지만 이러한 세계와 마주해 낯선 하느님께서는 몸소 육신을 입으시고 오셔서 새로운 가능성을 사람들에게 보여주신다. 그러한 맥락에서 예수는 육신을 입은 하느님이며 예수를 따라 기도하는 것은 "우리가 간절히 기도했던 것을 얻는" 행위가 아니라 (하늘에 계시기에 낯설면서도 동시에 자신의 피조물들을 사랑하셔서 스스로 피조물이 된) "아버지와 한 몸이" 되어가는 것을 뜻한다.

저자가 주의 기도에서 가장 먼저 주목한 것은 기도의 출발점이 "내 아버지"가 아니라 "우리 아버지"라는 점이다. 여기서 모든 사람은 '나'와 '너'로 구별되지 않으며 한 아버지에게 뿌리를 둔 형제자매가 된다. 함께 먹고 마시며 살아가는 '우리'로서 인간은 서로에게 행하는 폭력을 멈춰야만 한다. 틸리케는 이러한 방식으로 우리(독일)가 타인들을 어떻게 대했는지, 번영과 평화를 내세우며 얼마나 잔인한 폭력을 행사해왔는지를 고발한다. 고발당한 인류가 자신의 방향을 돌이켜 가야 할 길은 예수가 걸어간 "십자가의 길"이다. 이러한 맥락에서 주의 기도는 "고난 없이, 십자가의 죽음 없이" 구원을 이루기 위한 기도가 아니다. 이 기도를 함으로써 우리는 "자신의 뜻이 … (자신과) 아버지 사이에 끼어들지 못하도록" 싸움을 벌인다.

> 예수께서는 겟세마네에서 피땀을 흘리며 자신을 사형장으로 그리고 파탄으로 이끌어 갈 자신의 운명과 싸우고 있습니다. 그러나 그분은 '어찌 되었든지' '자기 자신의' 인생 설계를 관철하고 싶어서 하느님과 싸우고 있는 것이 아닙니다. 예수께서는 할 수만 있다면 고난 없이, 십자가의 죽음 없이 자신에게 주어진 메시아의 직무를 완수하고 싶어서 싸우시는 게 아닙니다. 오히려 예수는 자신의 뜻이 그와 아버지 사이에 끼어들지 못하도록 싸우시는 것입니다. 예수는 아버지와 자신 사이의 교통을 잃어버릴까 봐 싸우시는 것입니다. 결국 영혼 속에서 벌어지는 이 투쟁은 '내 뜻이 아니라 당신의 뜻이 이루어지이다'라는 말씀으로 끝맺습니다.

시종일관 틸리케는 독자들을 향해 세상의 권세와 영광을 향해 곁눈질하지 말라고 경고하며 세상의 소금과 빛이 될 것을, 가장 낮은 자리에 가서 고통당하고 소외당하는 이웃에게 생명력을 선사할 수 있어야 한다고 호소한다.

전쟁이라는 맥락이 없더라도 현대 인간이 공통으로 겪고 있는 불안과 소외에 중점을 두고 이를 넘어서게 해주는 틀을 제시한다는 점에서 이 설교집은 각별한 가치를 갖는다. 헬무트 틸리케에 대해 더 알아보려는 독자라면, 『헬무트 틸리케』(살림)를, 그의 신학에 대해 관심하는 독자라면 『현실과 믿음 사이』(두란노), 『친애하는 신학생 여러분』(나침반)을 살펴보기를 바란다.

7. 《주여, 기도를 가르쳐 주소서》, 스탠리 하우어워스, 윌리엄 윌리몬 지음, 이종태 옮김, 복 있는 사람, 2013

하느님이 우리에게 예수로서 오신 것처럼, 그리스도인이 되는 것은 결코 자연적으로 일어나는 일이 아니다. 이는 우리의 일반적 기준으로는 "이해가 되지" 않는 일이다. 온갖 종류의 기도가 있지만, 예수께서 가르치신 기도는 예수의 삶과 죽음과 부활에 기초를 두고 있는 독특한 행위다. 우리는, 먼저 그리스도인이 되기로 결정하고 나서 그다음에 주의 기도가 우리의 신앙을 표현하기에 좋은 수단이라는 사실을 발견하게 되는 것이 아니다. 우리가 이 기도를 선택하는 것이 아니라, 이 기도가 우리를 선택하는 것이다. 이 기도가 우리에게 다가와서, 우리를 형성하고 우리를 제자의 길이라고 하는 모험 속으로 초대하는 것이다. 그리스도인이 된다는 것은 그리스도교적 기도라는 독특한 실천을 통해 빚어지는 한 무리의 사람들(교회) 속으로 (세례를 받아) 입문하는 것이다.

신학자이자 성공회 평신도인 스탠리 하우어워스Stanley Hauerwas와 실천신학자이자 감리교 목사인 윌리엄 윌리몬William Willimon이 쓴 주의 기도 해설서. 그리스도인의 참된 품성을 형성시키는 주의 기도를 탐색하는 저작이다. 그리스도인이 되기로 결단한 후 공동체에서 접하게 되는 첫 번째 공적 기도이면서 예수가 제자들에게 전하신 유일한 기도인 주의 기도를 살핌으로써 개인주의와 자본주의가 잠식하고 있는 이 세상에서 그리스도인이 어떠한 길을 걸어가야 하는지를 이야기한다.

총 10장으로 구성되어 있으며 주의 기도 각 구절을 해설하며 다른 성서 구절들과 그리스도교 전통에서 길어 온 묵상들을 연결하고 있다. 지은이들에 따르면 주의 기도는 신자들이 선택할 수 있는 무언가가 아니다. 우리는 그 앞에 무릎을 꿇고 배울 뿐이다. 그리스도인에게 주의 기도를 마음에 새기는 것과 삼위일체 하느님께 우리 삶의 주도권을 내어드리는 것, 하느님에게 반역하는 세계를 거슬러 구원의 여정에 동참하는 것은 사실상 같은 말이다. 주의 기도를 되새기면서 신자들은 "자연적 성향을 거슬러 하느님을 향해 전향하게 되고, 우리는 우리가 기도하는 대로 그리스도인"의 삶에 참여하게 된다. 이러한 삶들이 모여 교회를 이루고 이 교회로서 그리스도교는 개인주의와 소비주의로 가득 찬 이 세상에 새로운 가능성을 제시하는 하나의 대안 사회가 된다.

물론 "자본주의 경제로부터 기도를" 배워온 우리가 새롭게 저 기도를 거스르는 주의 "기도를 배우는 일, 이 기도가 우리의 천성이 되도록" 만들기란 결코 쉽지 않다. 이를 위해서는 시간과 노력이 뒷받침되어야 하며 전통적인 교회들은 기도를 반복해서 하는, 일종의 습관으로 만들었다. 이때 습관은 부정적인 것이 아니라 긍정적인 것이다. 저자들은 우리가 삶을 살아감에 있어 반드시 해야 하는 일들은 모두 "습관적으로" 하는 일임을 상기한다. "거듭거듭 반복하는" 일을 통해 우리는 우리 생명을 유지할 수 있으며, 성장의 기반을 마련한다. 주의 기도 또한 마찬가지다. 우리는 예수가 가르쳐 주신 이 기도를 '습관적으로' 반복하면서 '그리스도인다운 삶'의 태도를 체득해야 한다

구원이란 당신의 삶이 하느님을 향해 전향되는 것이다. 당신 생각에 당신이 하는 일이란 그저 작은 기도를 외워 드리는 것이 전부인데도 말이다. 구원이란, 그리스도 안에서 하느님이 우리에게 오심으로써 우리에게 무슨 일이 일어났는지를 세상을 향해 말할 수 있는 용기를 갖게 되는 것이다. … 주의 기도를 드리는 것은 하느님의 방식으로 우리 삶을 하느님께 전향시키려는 평생에 걸친 행위이다. 이 세상에서 자신의 뜻을 성취하는 방법에 대해서는 이미 충분히 배워 왔다. 우리는 온 세상에 우리 자신의 왕국을 세우고 있으며, 그 잔해들이 여기저기 널브러져 있다.

평이한 내용으로 서술된 주의 기도 해설서임과 동시에 자본주의의 내러티브와 맞서는 그리스도교의 내러티브, 그 핵심이 담겨 있는 주의 기도의 중요성을 강조하고 있다는 점에서 이른바 내러티브 신학을 대표하는 하우어워스 신학의 특징을 살펴볼 수 있는 저작이기도 하다. 스탠리 하우어워스의 신학에 대해 좀 더 관심하는 독자라면 『교회됨』(북코리아), 윌리엄 윌리몬과 함께 저술한 『하나님의 나그네 된 백성』(복있는 사람), 그리고 『스탠리 하우어워스』(비아)를 살펴보기를 바란다.

8. 《기도》, 칼 바르트 지음, 오성현 옮김, 복 있는 사람, 2017

종교개혁가들에게서 모든 것은 이런 질문으로 모아집니다. "나는 어떻게 하느님을 만날 수 있을까요? 나는 그분의 말씀을 들었습니다. 나는 그 말씀을 올바르게 마음에 새기려고 합니다. 하지만 나는 거기에 도달할 수 없습니다." 또한 종교개혁가들은 이 한 가지 문제 외에 다른 어려움들이 있다는 것도 간과하지 않았습니다. 그들 모두는 우리가 다음과 같은 현실 속에 얽혀 있다는 것도 알고 있었습니다. "나는 나의 소원, 생각, 곤궁함을 지닌 채로 하느님 앞에 서 있습니다. 그리고 나는 하느님과 함께 살아가야 합니다. 왜냐하면 산다는 것은 하느님과 함께 사는 것이라고밖에 달리 말할 수 없기 때문입니다. 그래서 나는 한편으로는 삶이 요구하는 크고 작은 일들, 다른 한편으로는 기도해야 한다는 필연성 사이에 끼어 있습니다." 여기서 종교개혁가들은 우리에게 이렇게 말합니다. "기도하는 것이 먼저입니다."

스위스의 개혁교회의 목사이자 20세기 대표적인 개신교 신학자로 평가받는 칼 바르트Karl Barth의 저작. 종교개혁을 대표하는 신학자들의 사상과 개혁주의에 중심을 둔 문헌인

『하이델베르크 교리문답』의 내용을 바탕으로 기도의 의의, 주의 기도를 이루는 각 구절의 의미를 해설하고 있다.

먼저 바르트는 "인간의 왜곡된 노력의 일환"으로 드리는 기도를 강하게 비판한다. "영원하신 하느님의 계시는 유한한 인간에게 감춰져" 있기에, 유한한 인간은 원칙적으로는 참된 기도를 드릴 수 없다. 그러나, "예수 그리스도 안에서 하느님께서 자기 자신을 계시하셨기에 인간은 하느님을 알 수 있고" 기도드릴 수 있게 된다. 성령을 통해 기도의 가능성이 열린 것이다. 하느님은 스스로를 드러내려는 분이시고, 자신이 창조한 이들의 목소리에 귀 기울이는 분이시다. 하느님께서 돕지 않으시면 우리는 참된 기도를 드릴 수 없다.

이를 뒷받침하기 위해 그는 『하이델베르크 교리문답』을 살핀다. 교리문답의 117번 질문에는 "비록 우리는 우리의 기도에 합당한 자격을 갖추고 있지 못하지만, 하느님께서는 우리 주님 예수 그리스도 때문에 우리의 기도를 틀림없이 들으시려 하실 것이다. 우리는 이런 확고한 근거를 가지고" 있다는 응답이 등장한다. "불가능성의 가능성impossible possibility"이라 불릴 이 원리는 루터, 칼뱅을 비롯한 종교개혁가들의 신학에 공통으로 등장한다. "하느님께서 들으신다"는 확신은 종교개혁가들이 기도할 수 있었던 발판이자, 가장 중요한 토대였다.

우리의 기도가 듣고자 하시는 하느님의 은총에 달려 있다면, 하느님께서 자기 자신을 이 땅 위에 성육하여 드러낸 예수 그리스도께서 가르쳐 주신 주의 기도는 우리 기도가 향해야 할 궁극적인 목적을 가리킨다고 할 수 있다. 이 기도는 인간의 "불안과 그릇된 욕망으로부터 솟아" 나지 않았기에 인간의 "무질서한 심정의 토로", "자의적인 토로"가 아니다. 주의 기도는 하느님에게 "결속되도록 우리를 초대하고, 우리에게 그렇게 하라고 명령하며 허락"하는 기도다. 하느님에게 다가갈 수 없는 인간을 위해 인간이 되신 하느님께서 자신과 만나고, 자신을 따르게 해주는 궁극적인 기도인 셈이다.

> 우리는 어떻게 기도해야 할까요? 예수께서 주의 기도를 통해 모범적인 사례를 보여주신 것은 우연한 일이 아닙니다. 그것은 바르게 기도하는 법을 우리에게 가르치기 위함이었습니다. 하느님께서 친히 우리에게 어떻게 기도해야 하는지 가르쳐 주십니다. 우리는 간구해야 할 것을 너무 많이 쌓아 놓고 있기 때문입니다! 우리는 언제나 우리 자신이 원하는 것들이 매우 중요하다고 생각합니다! 하지만 우리가 행하는 기도가 참된 기도가 되려면, 우리는 하느님께서 우리

에게 주시는 제안을 받아들여야 합니다. 우리는 우리 자신으로부터 기도할 수 없습니다. 설령 우리가 기도했지만 실망하게 되는 일을 경험한다고 해도, 우리는 하느님께서 우리에게 참된 기도의 길을 보이신다는 것을 받아들여야 합니다. 하느님은 우리 자신의 관심사와 문제를 가득 지고 있는 우리를 특정한 길 위에 세우십니다. 그 길 위에서 우리는 모든 것을 하느님께로 가지고 갈 수 있습니다.

하이델베르크 교리문답으로 대표되는 개신교 교리라는 '렌즈'로 주의 기도를 심사숙고해볼 때 어떤 유의미한 가르침을 얻을 수 있는지를 보여주는 저작이다. 바르트의 저작들은 대체로 난해하고 읽기 불편하기로 유명하지만, 이 책은 기본적으로 기도에 관한 저작인 만큼 평이한 문체로 쓰였으며 '예수 그리스도 중심주의'라는 바르트의 신학 사상의 특징을 곳곳에서 발견할 수 있다. '주의 기도'라는 주제에 관심 있는 이들뿐만 아니라 현대 개신교 신학을 탐구하려는 독자들, 특히 칼 바르트의 다양한 저작을 살피려는 독자들은 이 책을 디딤돌로 삼기를 권한다.

9. 《우리 아버지》, 프란치스코 교황, 마르코 포짜 지음, 성염 옮김, 한마당, 2018

> 저희에게 '주의 기도'는 상속 재산입니다. 그래도 그냥 상속받는 것으로는 부족합니다. 그것을 소유하고 있다는 말을 할 수 있으려면, 제가 다시 내 것으로 만들어야만 합니다. … 그래서 뿌리로 돌아가는 일이 중요합니다. 무엇보다도 지금처럼 뿌리 뽑힌 사회에서는 더욱 그러하죠. 우리는 뿌리로 돌아가야 하고, 뿌리를 되찾아야 합니다.

제266대 교황 프란치스코(호르헤 마리오 베르고글리오Jorge Mario Bergoglio)와 교도소에서 사목하는 마르코 포짜Marco Pozza 신부의 대담집. "아버지다움에 대한 감각을 잃어버린 … 고아로 가득한, 병든 세상"에 희망을 건네는 메시지로 주의 기도를 다루고 있다.

총 10장에 걸쳐 주의 기도의 각 구절을 짧게 해설하고 있으며 마르코 포짜 신부의 사목지인 교도소에서 주의 기도에 관해 재소자와 나눈 대화, 그들의 변화된 삶의 이야기가 후기로 실려 있다. 본문에는 교황과 나눈 대화에 이어 짧은 형식의 강론을 실었는데 로마 가톨릭 전통이 우리가 사는 세계를 어떻게 이해하는지, 이 세계에서 시작되었고 완성을 향해 나아가는 하느님 나라를 위해 우리가 무엇을 할 수 있는지를 친절하고도 평이한 문체로 이야기한다.

프란치스코 교황이 보기에 우리가 사는 이 세상은 "아버지 없는 사회"다. 이제 아버지는 "있으나 마나 하고 기가 빠지고 속 빈, 상징적인 부분마저도 유명무실한 이미지"가 되어버렸다. 사람들은 가부장의 속박에서 벗어나 자유를 얻는 것 같지만 실은 "삶에 큰 공백과 상처"를 지니고 있다. 우리는 실질적인 고아로 이 세상을 살아간다. 그러나 하느님께서는 자신의 피조물인 사람들을 고아로 버려두지 않으신다(요한 14:18). 아버지이신 하느님은 우리가 "실수에서 스스로를 돌이킬 때까지 기다려 주는" 분이시다. 이러한 하느님의 본성을 숨김없이 드러내고 있는 것이 바로 주의 기도다.

주의 기도에서 예수는 우선 "아버지라는 호칭에 … 하느님의 주권, 즉 사랑의 주권이 우리 삶에서 발휘될 가능성"을 묶어두신다. 그다음에 이어지는 "세 가지 청원은 … 우리의 기본 되는 필요를 표현"한다. 하느님의 나라를 이루시는 분은 하느님 자신이다. 그러나 주의 기도를 통해 우리는 "아버지의 나라가 오소서"라고 고백할 수 있는 "보잘것없는 협조자"가 된다. 하느님 나라에 참여하는 우리는 "세상의 눈으로 볼 때 대단한 사람이 되려고 처신하지 말고, 하느님 눈으로 보시기에 소중한 사람이 되도록 힘써야" 한다. 그러한 면에서 주의 기도는 하느님의 권능을 드러냄과 동시에 인간의 소중함, 하느님에게 자녀로 받아들여진 인간 본연의 모습, 그 인간이 지향해야 할 바를 보여준다. 누군가가 본래 있어야 할 자리, 사랑받는 자녀의 자리에서 이탈했을 때 하느님은 그 사람을 찾아 나서신다. 우리는 사랑 가득한 하느님의 처신에 온전한 "예"로 응답해야 한다. 타협 없는 헌신으로 그에게 응답하며 굶주린 이들과 함께 "일용할 양식"을 나누고, 누군가에게 용서받았다는 확신에 서서 또 다른 누군가를 용서하며, 우리를 유혹과 악에 버려져 있도록 방관하지 않으시는 하느님을 희망해야 한다. 그리스도인의 삶을 관통하는 이 모든 신뢰와 요청이 주의 기도 안에 담겨 있다고 교황은 말한다.

> '주의 기도'를 바치려면 용기가 있어야 합니다. 진정 용기가 필요하죠. 내 뜻은 이러합니다. 정말 하느님이 아버지라고 믿기로 작심하십시오. 나와 동행해 주시고, 나를 용서하시고, 나에게 먹을 것을 주시고, 내가 청하는 것은 다 귀담아 들어 주시고, 나아가서는 들의 꽃보다 더 잘 입혀 주시는 아

버지 말입니다. 믿음을 갖는 일, 이것도 하나의 거창한 모험입니다. 정말 그렇지 않던가요? 그래서 모두 다 함께 기도를 바칩니다. 함께 기도하는 일은 참으로 아름답습니다.

로마 가톨릭의 지도자와의 대담으로 채워진 주의 기도 관련 서적이라는 점에서 독특한 형식이 시선을 끌지만, 좀 더 근본적으로는 주의 기도에서 '우리 아버지'라는 말이 담고 있는 '사랑'에 다시금 관심을 기울이게 한다는 점에서 여느 주의 기도 해설서들과 차별점을 갖는다. 다른 책들이 각 구절의 의미와 기도가 담긴 성서적 맥락, 공동체의 정황, 오늘날에 전달하는 의미에 집중한다면, 이 책은 주의 기도가 품은 근본적인 사랑을 생각해볼 것을 독자들에게 요구한다. 교파와 상관없이 누구나 한 번쯤 읽고 곱씹어 봐야 할 책이다.

주의 기도
- 그리스도교 기도의 처음과 끝

초판 발행 | 2018년 1월 31일

지은이 | 제프리 그린먼
옮긴이 | 한문덕

발행처 | ㈜타임교육
발행인 | 이길호
편집인 | 김경문
편 집 | 민경찬 · 양지우
검 토 | 방현철 · 박용희
제 작 | 김진식 · 김진현 · 권경민
재 무 | 강상원 · 이남구 · 진제성
마케팅 | 이태훈 · 방현철
디자인 | 손승우

출판등록 | 2009년 3월 4일 제322-2009-000050호
주 소 | 서울시 성동구 성수동2가 281-4 푸조비즈타워 1층
주문전화 | 010-9217-4313
팩 스 | 02-395-0251
이메일 | innuender@gmail.com

ISBN | 978-89-286-3917-5 04230
ISBN(세트) | 978-89-286-2921-3 04230
한국어판 저작권 ⓒ 2017 성공회 서울 교구

* 이 책이 출판될 수 있도록 후원해주신 성공회 독서운동 후원자분들께 감사를 드립니다.
* 값은 뒤표지에 있습니다. 잘못된 책은 구입하신 곳에서 바꾸어 드립니다.
* 비아는 ㈜타임교육의 단행본 출판 브랜드입니다.